BESOIN D'AFRIQUE

OUVRAGES D'ÉRIC FOTTORINO

Les Années folles des matières premières, Hatier.
Le Festin de la Terre, Lieu commun.
La France en friche, Lieu commun.
Rochelle, roman, Fayard.
La Piste blanche, Balland.

OUVRAGES DE CHRISTOPHE GUILLEMIN

Le Prix de la route, Economica.
La Stabilisation des prix des matières premières : un dialogue manqué (en coll. avec Philippe Delmas), Economica.

OUVRAGES D'ÉRIK ORSENNA

Loyola's blues, roman, Seuil.
La Vie comme à Lausanne, roman, Seuil.
Une comédie française, roman, Seuil.
L'Exposition coloniale, roman (Prix Goncourt), Seuil.
Villes d'eaux (en coll. avec J.-M. Terrasse), Ramsay.

Eric Fottorino
Christophe Guillemin
Erik Orsenna

BESOIN D'AFRIQUE

Fayard

Merci

Merci à tous les témoins sans lesquels ce livre, inventaire et coffre à trésors, n'aurait pas existé.

Merci à tous ceux qui nous écriront ou nous parleront : *Besoin d'Afrique*, tome II, est d'ores et déjà en préparation...

Mode d'emploi

Afrique,
parce que nous l'aimons.

Besoin,
parce que le mépris et ses variantes (la pitié, la charité, les jérémiades) nous empêchent de recenser ce qu'aujourd'hui le monde doit à l'Afrique.

Inventaire,
parce qu'on ne choisit pas, ni n'ordonne, les raisons d'aimer et parce que les Afriques sont innombrables : nous avons commencé par la Noire.

Ce livre n'est pas un essai ni un pamphlet. Mais une promenade dans les lumières et les ombres de l'Afrique d'aujourd'hui. Promenade veut dire regard, et le regard accueille tout, l'émotion, le drame, le respect, les portraits, toutes les histoires, petites ou grandes, générales ou de détail, les richesses apparentes ou secrètes de ce continent délaissé, pour l'instant démodé.

Aucune promenade n'est exhaustive. Nous revendiquons les manques (innombrables) comme autant de raisons, autant d'excuses de retourner encore et toujours en Afrique.

Aucune promenade n'a de plan. Nous avons seulement classé nos notes selon deux lignes de force, les deux sources d'où vient le génie africain : la vitalité et le patrimoine.

Sommaire

I. VITALITÉ

II. POUR MÉMOIRE

III. PATRIMOINE

AVENIRS D'AFRIQUE

I

VITALITÉ

Vitalité 1

Jeunesse, jeunesse

Au début du XVIIe siècle, 20 % des êtres humains étaient des Africains. Du fait, notamment, de l'esclavage et des premières étapes de la colonisation, ce pourcentage s'est abaissé à 8 % en 1920-1930.

Mais les données globales aussi ont un sens. Selon les projections les plus sérieuses, aussi fiables que peuvent l'être des prévisions à très long terme, l'Afrique (550 millions d'habitants aujourd'hui) en comptera **un milliard et demi dans trente ans.** On imagine les difficultés, voire les drames qui s'ensuivront, la multitude d'écoles et d'emplois à créer, la taille des villes à gérer...

Alors, surpeuplée, l'Afrique ?

Elle n'aura fait que retrouver son poids démographique du XVIIe siècle. Un être humain sur cinq, de nouveau, sera Africain. Et une large, très large part de la jeunesse du monde sera noire.

Docteur Mobylette

Et si l'Afrique se développait à notre insu ? A l'ombre d'un caïlcedrat géant de Bamako, on trouvait encore, il y a quelques années, un bricoleur malin que les experts des Nations unies appelaient le « Docteur Mobylette ». Chaque matin de bonne heure, il installait sa caisse à outils au pied de l'arbre. Le bonhomme avait calculé qu'avec 2 000 francs CFA[1] par jour, il pouvait facilement subvenir à ses besoins comme à ceux de sa famille. Une fois la somme empochée, il cessait de travailler, son frère prenant le relais sous le caïlcedrat. Après l'avoir longuement observé, quelques spécialistes du développement proposèrent au Docteur Mobylette de voir les choses en plus grand, d'ouvrir un atelier dans la capitale, d'adopter des horaires fixes, et, au bout du compte, de se trouver à la tête d'une véritable entreprise. Le Docteur Mobylette mit peu de temps pour donner sa réponse. Il remercia mais refusa, estimant qu'un tel chambardement dans l'usage de la caisse à outils reviendrait à voler le travail de son frère.

1. 1 franc CFA = 2 centimes.

L'Afrique s'appauvrit-elle ?

L'Afrique s'appauvrit-elle ? Est-elle condamnée à nous effrayer par sa concentration de nuisances, qui vont de la déforestation au Sida en passant par le délabrement des infrastructures, la corruption, les pressions migratoires, l'avancée des épidémies, le feu roulant des guérillas, l'urbanisation avec son lot de violences et de trafics mortels ? Faut-il croire aux statistiques de l'improductivité africaine, quand la parole donnée organise l'économie bien plus que l'écrit ? Lorsque les rapports de la Banque mondiale évoquent la « décennie perdue » pour le développement, c'est l'Afrique qui est visée, avec ses trente pays les moins avancés, les mendiants internationaux, ceux qui baignent dans l'illettrisme, l'industrialisation-croupion, les revenus déclarés par habitant dérisoires.

Mais où est l'Afrique ?

Qui n'a pas vu, entre Capricorne et Cancer, une autre Afrique, gaie, entreprenante, sans complexes ?

Et si les critères du développement forgés par l'homme blanc assisté par ordinateur étaient incapables de percevoir la réalité africaine, ses échanges informels, ses réseaux de solidarité, ses richesses non marchandes ?

Le courage de la première banderole

La démocratie, c'est d'abord le courage. Le courage, un beau matin, dans un pays où l'on emprisonne pour un haussement de sourcils, où les geôliers torturent, où l'on disparaît sans procès, le courage de sortir de chez soi, une banderole roulée sous son bras, et de gagner le cœur de la ville, le courage de se sentir seul au milieu de la foule, et pourtant de la déployer sous le nez des milices, cette première banderole qui réclame la liberté.

Moussa Keita est géologue. Comme tous les jeunes Maliens, il exècre et méprise de toute son âme le dictateur Moussa Traoré, cruel et corrompu, riche à milliards dans l'un des pays les plus pauvres du monde. Un groupe s'est formé : deux cent dix-sept étudiants qui veulent dire leur colère. Mais plus s'approche le jour prévu pour la manifestation, plus les déterminations fondent. Chacun connaît les risques : la mort, ou la prison pour des années. Le 15 octobre 1990, ils ne sont plus que dix à marcher avec Keita, dix dans

Bamako sidéré, dix à brandir la bannière insolente : *22 ans, ça suffit !* Dix arrêtés. Dix pendus par les pieds. Plus tard, Traoré fera tirer (deux cents tués, d'innombrables blessés) avant d'abandonner le pouvoir.

On se souvient de *Solidarnosc*, de la place Tien An men, des Tchèques à mains nues contre les chars. Et c'est justice. Mais qui connaît le nom de Moussa Keita, de tous les Moussa Keita qui, depuis deux ans, à travers toute l'Afrique noire, ont déployé la première banderole ?

Une liberté est en marche, qui vaut bien celle de l'Europe de l'Est, aussi courageuse, aussi difficile. Souvent, l'exotisme est père du mépris. On prend pour opérette les luttes sous le soleil. Comme si mourir au loin pour la dignité n'était qu'un simple épisode de rivalités tribales, de règlements de comptes à la sortie des bars...

Il y a peu, seuls le Sénégal et l'île Maurice pouvaient, à bon droit, se prétendre démocratiques. Mais le club s'est agrandi. Saõ Tomé, le Bénin et le Cap Vert ont connu cette expérience quasi inimaginable dans le Tiers Monde, la preuve des preuves de la maturité politique : l'alternance pacifique. De même, en Zambie, le vieux et légendaire président Kaunda a laissé la place à son vainqueur.

Dans six autres pays, non sans heurts ni retours en arrière, la démocratie s'installe (Gabon, Côte d'Ivoire, Mali, Burkina Faso, Congo, Niger).

Partout l'ordre ancien, le pouvoir absolu d'un

homme, souvent ex-militaire, appuyé sur un parti unique, chancelle et se fissure.

En Afrique du Sud, grâce au courage de deux hommes, un noir, un blanc, Nelson Mandela et Frederik De Klerk, la honte est morte, même si l'avenir reste incertain.

Bientôt ne restera plus qu'un dernier carré d'autocrates irréductibles, tous accrochés à la même phrase — « Moi ou le chaos » — et que le chaos, quoi qu'ils fassent, emportera.

Nettoyée par l'air du temps et par le courage des hommes, la carte de l'Afrique sort peu à peu de l'ombre. Grâce à tous les Moussa Keita du continent, l'Afrique cesse d'être ce réservoir d'enfantillages et d'horreurs où se plaisaient à l'enfermer les paresseux, les racistes et les prédateurs, tous ces artisans du mépris.

La Baule

Station balnéaire de Loire-Atlantique (France), réputée pour sa plage interminable.

Le 20 juin 1990, tandis que sur la mer souffle un vent de tempête, le Président François Mitterrand s'adresse en ces termes aux chefs d'État africains présents :

> « ... Il convient d'examiner en commun de quelle façon on pourrait procéder pour que, sur le plan politique, un certain nombre d'institutions et de façons d'être permettent de restaurer la confiance, parfois la confiance entre un peuple et ses dirigeants... Il faut parler de démocratie. C'est un principe universel... Il faut bien se dire que ce souffle fera le tour de la planète... Lorsque je dis démocratie, lorsque je trace un chemin, lorsque je dis que c'est la seule façon de parvenir à un état d'équilibre au moment où apparaît la nécessité d'une plus grande liberté, j'ai naturellement un schéma tout prêt : système repré-

sentatif, élections libres, multipartisme, liberté de la presse, indépendance de la magistrature, refus de la censure. Voilà le schéma dont nous disposons... A vous de déterminer, vous peuples libres, vous États souverains que je respecte, à vous de choisir votre voie, d'en déterminer les étapes et l'allure... »

Mais gardons-nous des mythologies : La Baule n'est pas le 14 juillet 1789.

Peu avant La Baule, le mur de Berlin s'effondre, la liberté gagne l'Est, Ceaucescu tombe. Et les dictateurs, partout dans le monde, frémissent.

Juste avant La Baule, de graves troubles, une onde de revendications secouent le continent (Gabon, Côte d'Ivoire, etc.).

Contrairement à ce que disent certains, les uns pour l'en louer, les autres pour l'en blâmer, ce n'est pas le président français qui a lancé le mouvement. Il s'en est fait l'avocat. Mais l'Afrique francophone était tellement figée que ses mots simples et justes ont retenti comme une bombe. Leur écho, démesuré, était d'abord un symptôme de la situation dans cette région du monde : autocratie et crispation.

Et n'oublions pas les autres Africains, ceux qui ne parlent pas français : ils n'ont pas entendu les recommandations de La Baule. Pourtant, eux aussi veulent avancer vers la liberté...

Le coût de la démocratie

La « transparence » est une idée neuve en Afrique. Ce sont les pays de grand soleil qui cultivent l'ombre. Et puis des siècles d'esclavage et de traite, suivis par la colonisation, elle-même suivie par l'autocratie, apprennent les vertus de la dissimulation... Pour vivre heureux (ou simplement pour sauver sa peau), vivons cachés. D'où la passion africaine pour les sociétés secrètes, les maçonneries, les réseaux occultes.

L'arrivée de la démocratie ressemble à un coup de projecteur sur une société noctambule. Ça cligne des yeux, ça vibrionne, et surtout ça palabre. Beau bicentenaire de 1789 ! A deux siècles de distance se renouvelle le même chahut de la liberté. Mêmes cahiers de doléances, mêmes discussions interminables...

Alors les grincheux calculent le coût du processus, les dégâts des émeutes, les journées sans travail. Ils dénoncent les gaspillages. Et ils n'ont pas toujours tort. Le Congo n'allait pas bien, la grande réunion de toutes les forces vives, la fameuse « Conférence nationale » a fini de le ruiner. Les débats étaient prévus pour durer trois semaines et ne coûter que 400 millions de francs CFA. Ils se sont étendus sur trois mois, pour 3,5 milliards.

Il faut dire que les 1 100 délégués recevaient chaque jour une indemnité : 5 000 francs CFA pour les habitants de Brazzaville, 15 000 pour les provinciaux, 30 000 pour les résidents à l'étranger, et 60 000 pour les membres du directoire... Mais qui a jamais calculé la facture de la Révolution française ?

Et n'oublions pas les gains annexes :

« Bénies soient les conférences nationales retransmises en direct à la radio et à la télé, qui traînent en longueur et captivent toute l'attention des populations ! Puisqu'il n'est pas question, pour les citoyens, de manquer une seule seconde de ces débats, chacun se doit de *posséder son propre transistor*. A Niamey, le prix des désormais précieux appareils "made in Taiwan" est passé de 2 500 à 10 000 francs CFA en l'espace de quelques jours. Celui des piles a doublé. A Lomé, les postes de télévision ont disparu des magasins. Les magnétoscopes, pourtant très coûteux, s'arrachent à prix d'or. Les cassettes vierges de fabrication sud-coréenne ou japonaise font l'objet de scandaleuses spéculations. Et, naturellement, la consommation d'électricité suit, puisque tous ceux qui possèdent un magnétoscope enregistrent l'intégralité des débats : en quatre semaines, Alexandre a consommé une quarantaine de cassettes de trois heures[1]... »

Et l'on disait que la démocratie ne concernait pas les Africains ! Qui, chez nous, achèterait un téléviseur pour suivre, sur FR 3, en direct de l'Assemblée nationale, les séances de questions/réponses du mercredi après-midi ?

Mais le véritable coût de la démocratie dépasse de beaucoup la simple facture des palabres institutionnelles ou des grèves. La démocratie ouvre la porte à la liberté qui débouche sur la revendication. Une fois recouvrée leur dignité, les hommes ne supportent plus l'insupportable. Démocratiser sans développer, c'est allumer une poudrière. Mais, à l'inverse de l'Asie, l'Afrique a montré qu'elle était incapable de se développer sans une liberté accrue...

---

1. *Jeune Afrique Économie*, septembre 1991.

L'opposition introuvable

Bien sûr, elle prendra du temps, l'installation de la liberté. L'Europe a mis deux siècles pour bâtir cette démocratie qu'elle donne fièrement en exemple au monde. L'Afrique, en ce domaine, vient de loin. Le parti unique à l'africaine est une subtile construction. Rien à voir avec nos partis uniques à nous : l'ordre, la discipline, l'homogénéité nazis ou bolcheviques. Le parti unique, en Afrique, c'est l'Arche de Noé. Il doit tout attraper. Et Dieu sait si un pays africain, aussi petit soit-il, est riche en diversités (exemple du Togo : 3,5 millions d'habitants, trente-sept ethnies, quatre religions principales...). Le parti unique se veut la Nation. Il se veut tout. Il est ce que Félix Houphouët Boigny disait de lui-même dans sa profession de foi de 1945 : « Je suis de tous les milieux, de toutes les corporations. Chef de canton, ancien fonctionnaire, planteur, transporteur, oncle de commerçant ou d'employé de commerce, je servirai l'intérêt de tous[1]... »

1. Cité par J.-F. Bayart, *L'État en Afrique*, Fayard, 1989.

L'unité et l'unicité du parti résultent moins de la contrainte que de subtils dosages ethniques, régionaux, familiaux, économiques, des tissages d'alliances, des fraternités occultes... Le Président Ahidjo, du Cameroun, n'était pas pour rien un expert reconnu de nos élections cantonales...

C'est à l'intérieur du parti unique « à l'africaine » que se développent un véritable dialogue, voire des affrontements. Certains — Nyerere, Kenyatta, Senghor — ont même affirmé que le parti unique était en Afrique le logis le plus réaliste de la liberté.

Mais, hors du parti unique, pas de salut. Partout les opposants ont été pourchassés, exilés, assassinés (première stratégie). Ou séduits, achetés, promus (deuxième stratégie, pas contradictoire avec la première, et d'ailleurs souvent concomitante). Tous les grands leaders légendaires sont ainsi des champions de l'*émasculation politique*. A Abidjan, les principaux membres de l'état-major de la JRDACI (Jeunesse du Rassemblement démocratique africain de Côte d'Ivoire) furent impliqués dans plusieurs « complots ». Jugés, condamnés lourdement en 1964... avant d'être libérés, réhabilités solennellement en 1970, récompensés, nommés ministres, y compris de la Défense et du Service civique (comme M. Konan Banny). Entre-temps, Ernest Boha était mort bien à propos dans sa cellule. De même, au Zaïre, il est un moyen quasi infaillible de devenir ministre : s'exiler pour raisons politiques à Paris ou à Bruxelles. Jomo

Kenyatta, lui, avait une autre technique : il nommait secrétaires d'État un bon quart des députés[1].

Et même quand le multipartisme est en place depuis de nombreuses années, la séduction de l'opposition est encore le moyen le plus sûr de garantir la paix sociale. Ainsi au Sénégal, vitrine de la démocratie africaine. Abdoulaye Wade, adversaire de toujours d'Abdou Diouf et emprisonné par lui en 1988, a accepté le poste de ministre d'État et devient le « copilote », numéro deux du régime. Risque de grand écart entre un état de grâce politique (tous les partis, des libéraux aux communistes, à l'exception des « marxistes-léninistes » purs et durs, sont représentés au gouvernement) et une profonde crise économique et sociale (chômage, délinquance...).

Mais Nguz a Karl-i-Bond (Zaïre) est le champion incontesté de l'alternance... personnelle :

1972 : ministre des Affaires étrangères, vice-président du gouvernement.
1977 : arrêté, condamné à mort.
1978 : amnistié, redevient ministre des Affaires étrangères.
1979 : Premier ministre.
1981 : réfugié politique, auteur de *Mobutu ou le mal zaïrois.*
1985 : retour en grâce, ambassadeur à

1. *Ibid.*

Washington puis ministre des Affaires étrangères.

avril 1991 : opposition.

25 nov. 1991 : de nouveau Premier ministre...

De tels allers-retours ne favorisent guère la crédibilité du personnage, pas plus que celle du système.

C'est dire combien la route sera longue pour que se constituent en Afrique de véritables « oppositions », du moins telles que nous les entendons. Et les hommes politiques les plus malins du continent, comme Omar Bongo (Gabon), ont compris qu'un multipartisme bien assimilé, bien loin de la rogner, pouvait accroître leur puissance. Sitôt proclamée la démocratie, plus de soixante-dix partis ont soudain poussé au Gabon et au Zaïre comme champignons après la pluie. Ce n'est que peu à peu que ces formations se regrouperont pour constituer de véritables contre-pouvoirs.

Éléphants blancs

L'Afrique est un cimetière d'éléphants blancs.

Voyons un peu. Et d'abord, portrait de l'animal. A l'inverse des pachydermes ordinaires, il n'est pas, hélas, en voie de disparition. Il s'agit d'une construction somptuaire, inutile, coûteuse, qui a en propre la faculté d'alourdir la dette des pays africains, de ne pas fonctionner, de se changer en ruine, en rouille ou en fantôme au bout de quelques années. Barrages, cimenteries, hôtels du désert, sucreries, centrales électriques, le troupeau des éléphants blancs piétine l'Afrique, creuse les finances publiques, enrichit les firmes occidentales avec la complaisance des organisations internationales, sinon leurs encouragements.

Vision d'une centrale solaire décatie dans un méandre du fleuve Niger, au Mali. Dans ce pays de sable, des milliards de francs CFA ensevelis. La France a participé aux travaux avec des fonds du ministère de la Coopération. Au milieu des bâtiments déserts et silencieux, des enfants jouent au ballon (du papier journal roulé en boule). Les murs s'effondrent. L'installation n'a jamais marché, faute d'énergie ! Le système de pompage relié au fleuve était trop coûteux. Il aurait fallu s'en apercevoir avant le démarrage des travaux. Les experts ont considéré qu'après tout, il s'agissait d'une station expérimentale. Sauf que le Mali continue de rembourser cette « expérience ». Sauf que ce devait être la plus grande centrale solaire de toute l'Afrique. Sauf que les gens en étaient fiers, avant...

Un voyage à Kossou, en Côte d'Ivoire, à deux pas de la capitale Yamoussoukro, le village natal du « Vieux », Houphouët. Larges avenues jalonnées de réverbères : éteints. Un hôtel de quinze étages : éteint, malgré ses cinq étoiles. Car à Kossou, le barrage réservoir est à sec. Les turbines ont été stoppées. Le lac artificiel, grand comme trois fois le lac Léman, ne s'est pas rempli. Les ingénieurs italiens avaient pourtant prévenu le « Bélier de Yamoussoukro » : il ne fallait pas construire le barrage dans cette zone à peine escarpée. Parmi les dix sites pressentis au début des années soixante, Kossou arrivait dans les derniers. Son seul avantage, écrivait Roger Cans (*Le Monde* des 19-20 février 1984), était d'être situé près de la future capitale ivoirienne et au cœur du pays Baoulé, l'ethnie du Président. Les Italiens refusèrent la besogne. Les Français s'en chargèrent. Résultat ? Roger Cans l'a ainsi décrit :

« On allait doubler la capacité électrique du pays, irriguer 30 000 hectares de cultures, transformer cent mille paysans en pêcheurs-planteurs. Toutes proportions gardées, Kossou devait permettre une métamorphose comparable aux plus folles entreprises du siècle : une combinaison d'Assouan, de Brasilia, de la conquête des Terres noires et de la Tennessee Valley Authority. Or, douze ans après son démarrage, le moteur est en panne. Victime de plusieurs années de sécheresse cumulées, le lac n'arrive pas à se remplir, et, pour la première fois, en novembre 1983, il a fallu arrêter les turbines de la centrale. La capitale vit à l'heure des délestages quotidiens. Quant à l'agriculture et à la pêche, qui étaient censées recevoir un salutaire coup de fouet, c'est le fiasco sur toute la ligne. La sécheresse persistant, le niveau du lac a baissé, découvrant la cime des grands arbres noyés en 1972. Les filets se prennent dans les branches. Tant et si bien que les autorités ont dû interdire la pêche... »

L'État prédateur

Comme toute l'Afrique, les États souffrent de la maladie de la rente (*cf.* p. 57).

Tout État, parce qu'il ne produit pas pour vivre, mais a besoin de prélever pour exister, est rentier. Mais l'État africain transgresse, en cette matière, les limites de l'admissible. Il a dépassé la rente pour se livrer à la prédation. Ses origines coloniales lui ont appris les secrets et la saveur du prélèvement. Les impôts directs ne rentrant pas, tout est bon pour percevoir des rentes : l'exploitation minière comme l'agriculture. Ainsi, les « caisses de stabilisation », plus qu'à « stabiliser », ont servi à confisquer une portion importante de la rente dégagée par les plantations. Comme ces rentes ne suffisent pas, « chaque prérogative de la puissance publique (et Dieu sait si la complexité d'un État moderne permet de les multiplier !) devient l'occasion de créer une rente artificielle. On voit par exemple réapparaître les péages sur la circulation des personnes et des marchandises, qui avaient particulièrement irrité les commerçants européens du XIXe siècle et que la colonisation s'était empressée de faire disparaître[1] ».

L'aide étrangère, publique comme privée, est aussi, malgré toutes les conditionnalités et les vigilances, ponctionnée.

La répartition de ces prélèvements varie selon les pays : une part pour le fonctionnement, réel ou symbolique, de l'État, une part pour la poche du fonctionnaire, une part pour la redistribution qui confère la puissance et qui constitue le moyen le plus efficace de contrôle social. « La thématique de la nécessaire privatisation des économies africaines, en vogue depuis quelques années, est illusoire : ces économies sont moins "étatisées" que l'État n'est "privatisé"[2]. » A cette privatisation travaillent depuis toujours les entreprises étrangères qui exploitent les ressources pétrolières, minières, agricoles de l'Afrique. Entre « privés » — entreprises et État — on se partage la rente.

Conquérir l'État est ainsi la méthode la plus sûre — beaucoup plus sûre que n'importe quelle autre occupation — d'acquérir la richesse.

Ce quasi-monopole de l'État sur l'économie, cette confusion des hiérarchies financière et politique obèrent toute possibilité de développement réel (en condamnant les plus actifs au secteur

1. Jacques Giri, *Société et développement en Afrique au sud du Sahara.*

2. J.-F. Bayart, *La Problématique de la démocratie en Afrique noire.*

informel) et rendent illusoire toute vraie pratique démocratique : comment accepter de partager ou d'abandonner un pouvoir si total ?

La moralisation à entreprendre est claire : s'il faut privatiser le secteur public, il faut en revanche « nationaliser » l'État. Paradoxalement, la crise économique actuelle, si profonde, pourrait y contribuer : quand l'animal est maigre, les hyènes s'y intéressent moins.

Droit et démocratie

La démocratie n'est pas tout le Droit. Elle n'en est que la vitrine. Une vitrine qui émeut et rassure les bonnes âmes. Mais l'important se joue dans l'arrière-boutique. A quoi serviraient de douces, d'impeccables alternances si, dans les coulisses, continuaient la corruption, les trafics, les détournements, les faveurs, l'arbitraire... ?

Disons les choses : l'Afrique a déjà reçu beaucoup d'argent. Dont elle n'a rien fait. Ou si peu. On pourrait multiplier l'aide, on améliorerait des situations, on ne ferait pas démarrer le moteur. On n'a jamais développé un pays avec de la charité internationale. Le développement, c'est d'abord de la *confiance* : confiance dans le temps, pari sur l'avenir. Mais comment parier sans règles du jeu claires et stables ?

Comment, pour un national comme pour un étranger, investir dans un pays sans code d'investissement, sans fiscalité bien définie, sans instance arbitrale fiable en cas de litige ?

Le Droit n'est pas seulement une exigence

humanitaire, c'est la condition du développement. La démocratie, c'est bien. Un droit des affaires, c'est mieux. Celui-ci garantit celle-là.

Un temps, les organisations internationales, emportées par leur furia libérale, ont failli jeter l'État africain avec l'eau du bain. Et il est vrai que les secteurs publics accueillaient tous les abus. Elles ont, par chance, recouvré assez vite la raison. Elles se sont souvenues que le Droit, pour vivre, réclame un État, un État fort, un État limité à ses fonctions mais qu'il remplit sans faillir, à commencer par la Justice.

On peut multiplier les hypothèses, distinguer entre vraie et fausse corruption, parler de redistribution, de solidarité. On peut rappeler, l'œil dans le vague, la voix tremblante, que « là-bas » la richesse est le signe de l'accord avec les forces du Cosmos...

Les Africains, eux, savent le prix qu'ils ont payé à la pure et simple malhonnêteté.

Fermeture pour cause de négociation

« Les contrôles sont permanents au Mali ; certaines entreprises se sont organisées en conséquence. Elles ont installé dans leurs locaux un bureau qui est occupé à tour de rôle par le fisc, les douanes, les Affaires économiques. Lorsqu'une irrégularité est constatée, l'agent verbalise, fixe le montant de l'amende et en demande le paiement immédiat. En cas de contestation ou d'impossibilité de payer, l'entreprise est fermée. Ainsi, les magasins et les entreprises du Mali sont-ils souvent fermés ; sur l'affiche accolée par l'administration, on peut lire le texte suivant : *Fermeture pour non paiement d'impôts.* La fermeture précède la négociation.

« La fermeture arbitraire frappe toutes les entreprises, quelles que soient leur taille, leur importance, sans distinction : les échoppes de trottoir, les gargottes sont fermées au même titre que Bramali, la seule brasserie moderne en activité au Mali, l'unique investissement industriel depuis

1985. Cette entreprise est fermée plusieurs semaines par an, les scellés sont apposés sur les locaux, les véhicules de l'entreprise, y compris le domicile du directeur expatrié qui se trouve dans la concession de l'usine[1]... »

1. *In Secteur privé au Mali*, Club du Sahel, OCDE, 1990.

Grands témoins 1

Georges Balandier : « L'Afrique ne peut pas être un continent pour rien »

En 1962, l'ethnologue Georges Balandier publiait L'Afrique ambiguë[1]. *On pouvait y lire ces quelques phrases :*

« Une ceinture de feu flambe tout au long des tropiques et dans ce feu, l'Afrique se forge un avenir qui ne saurait se confondre avec le nôtre... En s'ouvrant aux techniques modernes, l'Afrique, en vérité, se refaçonne. Elle offre un spectacle exaltant : celui d'hommes s'astreignant à de nouveaux commencements... C'est avec ses propres richesses qu'il [le monde noir] constituera son apport à l'humanisme, comme le montre le drapeau du Mali portant en son centre l'idéogramme de l'homme. »

D'après Balandier, l'Afrique est un « réservoir d'identité » où l'importance de la parole et du geste atteint une dimension sacrée : « L'Afrique, écrit-il, renvoie au mythe des origines. On ne tire pas

1. Collection « Terre humaine », Plon.

impunément exemple des civilisations différentes et plus nues, car moins encombrées de productions matérielles. La comparaison a valeur d'épreuve. »

Après avoir tant appris des autres, après les avoir tant regardés et écoutés, Georges Balandier s'est assis un jour avec nous, tout surpris d'être à son tour objet d'examen. Il a joué le jeu de l'ethnologue ausculté, avec cette jolie formule qui vaut profession de foi :

« Quand on rêve seul, ce n'est qu'un rêve ; quand on rêve à plusieurs, c'est le début de la réalité... »

Écoutons-le, trente ans après avoir écrit sur cette Afrique ambiguë *(et qui le reste) :*

« Il n'existe pas en Afrique de vision à la Descartes sur l'homme propriétaire de la nature. La tradition multiséculaire exige d'être en convenance avec le monde. L'Afrique privilégie les techniques de l'accord. Aujourd'hui, elle subit des désordres sur lesquels elle n'a pas prise, comme la désertification. Mais, à l'origine, l'homme est le gestionnaire de la nature, il contracte envers elle des responsabilités. On connaissait naguère les rois faiseurs de pluie !

« L'application "scientifique" des modèles, la "rationalisation" des modes de gouvernement lui ont fait perdre de vue son projet initial d'harmonie. Mais, dans la compétition internationale fondée sur la montée en puissance, l'Afrique continue de proposer autre chose, elle joue sa partie à contre-mesure, elle valorise le rite par rapport à l'instru-

ment. Aujourd'hui, on manque de rite, alors on le bricole, on fait de l'utilitarisme un peu cynique, du clientélisme.

« Notre vision économique de l'Afrique nous place en situation de prédateurs, car on ne croit pas aux hommes. Nous avons une vue dépréciative de l'homme, et surappréciative des richesses. Il y aurait en Afrique des arbres si fabuleux qu'il y pousserait de l'or... Nous sommes éblouis par ce réservoir de richesses ! Pour le reste, elle n'a produit que de la contrefaçon, des répliques-Frankenstein. Elle a raté l'État moderne, elle n'a réussi que de mauvaises copies de nos techniques agricoles...

« Que peut apporter l'Afrique ? On a cru qu'elle livrerait une certaine traduction de la modernité en termes de technique, de marché, d'urbanisme. Qu'elle serait le lieu d'apparition de choses inédites. C'est vrai des villes africaines. Ce sont des laboratoires improvisés de formes culturelles, de langages, de musique, de peinture. Il faut aussi regarder l'entreprise africaine comme un phénomène culturel où l'inventivité occupe une grande place. L'Afrique construit son industrie sur les déchets de l'industrie. Il existe une forte culture du réemploi des objets.

« Mais arrêtons de présenter l'Afrique comme un nouveau continent des merveilles, oublions l'exotisme, l'éternel Dogon. Il faut changer sans regret de thème d'exaltation. Dans un contexte extérieur aussi défavorable, marqué par les cala-

mités, le jugement ne peut être que dépréciatif. Les Africains arrivent à n'être plus rien... Ce n'est même pas un jugement ! Ils sont ailleurs, on ne sait plus où. C'est le non-être. On sent une impuissance à dire quelque chose... Alors, réévaluons l'Afrique de façon plus vraie, voyons-la autrement. Rendons la relation plus réaliste, laissons la charité. Adressons-nous aux authentiques acteurs de la production de l'Afrique en tant que société et culture : les jeunes et les femmes. Autrefois, nous avons recherché le contact avec les interlocuteurs traditionnels, les vieux chefs, plus perméables à nos stratégies politico-économiques. Les jeunes ont mis du "mou" dans la tradition, sans la sacrifier. Ils ont ingéré la modernité. Ils ont des exigences face aux pouvoirs, ils ont des ambitions. Ils ne se veulent pas purement modernes, sous peine de rester toujours "des Blancs en noir". Ça prendra des générations... »

Chirac, l'ami des Africains

« Moi, j'aime l'Afrique ! » avait déclaré Jacques Chirac au mensuel *Jeune Afrique Économie*, dans une interview accordée à Jean-Luc Clouard, Géraldine Faes et Jean-Baptiste Placca en août 1991. Chirac, ami des Africains ? Voici, pour en juger, des extraits de ses propos :

« L'Afrique est un continent de vieilles traditions, de vieille civilisation. N'oubliez pas que les premiers hommes sont apparus en Afrique. Il est vrai que c'est ancien, mais cette réalité a encore une signification. Le continent connaît aujourd'hui de grandes difficultés qui sont dues, pour la plupart, à des erreurs commises par les pays industrialisés. Mais, dans l'avenir, ce continent aura une place importante dans le monde. Pour des raisons démographiques et aussi économiques liées aux richesses stratégiques qu'il possède. Les pays riches ne peuvent donc pas rester indifférents à l'évolution des pays africains.

« Aujourd'hui, une aide économique sous la forme d'une sorte de plan Marshall de développe-

ment de l'Afrique s'impose. Mais elle ne doit pas se traduire par des ingérences politiques. Il faut avoir conscience que chaque peuple, chaque pays a sa propre culture, et que ces cultures doivent être respectées. Je souhaite que la démocratie progresse en Afrique, que les droits de l'homme y soient respectés. Mais on a trop tendance à considérer que démocratie et multipartisme sont indissolublement liés. Je n'oublie pas que l'Europe a mis très longtemps à évoluer vers une démocratie multipartite. L'incitation à la démocratie est souhaitable, l'incitation au multipartisme doit être pondérée. Depuis l'indépendance des États africains, un immense effort a été fait pour essayer de rassembler dans des États-nations des ethnies d'origines différentes. A partir du moment où se développe le multipartisme, il y a un très grand risque de mettre en œuvre, en réalité, un multiethnisme. Il n'y a pas de plus grave danger pour les nations en construction.

« Autre chose sur l'Afrique : nous sommes dans une civilisation matérialiste ; je ne critique pas, je constate. Personne ne conteste le caractère essentiel d'un certain nombre de valeurs morales, religieuses, spirituelles. L'Europe a été grande par son histoire. Qu'a-t-elle laissé comme traces de sa grandeur ? Ses cathédrales plus que ses guerres. Il est tout de même extraordinaire de constater que les deux seuls grands gestes spirituels de cette fin de siècle, et qui resteront, ont été réalisés en Afrique : la basilique de Yamoussoukro et la mos-

quée sur l'eau de Casablanca. Cela devrait donner à réfléchir. Que cette Afrique pauvre nous donne cette leçon d'avoir su faire les deux seuls grands gestes spirituels dans le monde, ça restera. Ils traverseront les arts et les siècles.

« Doit-on aider l'Afrique à sortir de ses difficultés actuelles ? Ma réponse est oui. D'abord parce qu'il est profondément immoral de laisser un continent et des hommes s'enfoncer dans la misère. La vérité, c'est que les dirigeants des grands États riches laissent l'Afrique s'enfoncer ainsi. La deuxième raison, c'est qu'il y va de notre intérêt à tous d'aider l'Afrique, car la misère est, par définition, porteuse de déstabilisation et de difficultés politiques. D'ici 2020-2030, la population du continent aura triplé et il y aura autant d'Africains entre quinze et vingt-cinq ans qu'il y aura d'Européens (500 millions sans l'URSS [devenue C.E.I.]). Pour ces raisons morales et de stabilité, on doit aider l'Afrique.

« Notez encore que c'est un continent où on discute. On parle de la palabre. Les Africains ne sont pas des gens violents. Ils peuvent s'entendre en parlant, et je crois que tous les chefs d'État doivent bien s'inspirer de cet exemple. Quant à la situation économique du continent, elle ne peut que se redresser. C'est ma conviction. Ceux qui investissent aujourd'hui se féliciteront dans cinq ou dix ans de l'avoir fait. »

Pas dupes I

Pourquoi l'amour (de l'Afrique) rendrait-il aveugle ?

On sait que le mépris empêche de voir. Mais les sanglots (de l'homme blanc) brouillent au moins autant la vue. A force de gémir de honte au souvenir de la Traite (arrêtée il y a cent cinquante ans) ou de la colonisation (les indépendances datent de trente ans), à force de ne rien oser dénoncer dès que des Noirs étaient en cause, les « tiers-mondistes » ont longtemps manqué l'Afrique. Et lui ont manqué.

La corruption

Depuis peu, fort peu, la corruption n'est plus tabou. Le livre de Pierre Péan, *L'Argent noir*[1], date de 1988. Avant, circulaient sous le manteau, tels des clichés pornos, quelques articles dénonciateurs, quelques rumeurs bien informées. Et les plus obstinés à taire le scandale n'étaient pas les moins moralistes : on nous expliquait, de haut, que la corruption était la

1. Fayard.

version africaine de la redistribution, l'expression d'une solidarité que l'Occident pourrait envier. A la limite, le cœur d'un humanisme bien compris...

Une meilleure connaissance des chiffres en jeu et des conséquences des détournements a ruiné ces balivernes. Quelques piécettes distribuées en charité ne compensent pas l'argent dérobé, et le mythe de Robin des Bois ou d'Arsène Lupin, détrousseurs de riches pour donner aux pauvres, ne s'applique pas à des chefs d'État ou à des ministres qui volent des pauvres pour placer en Suisse. Félix Houphouët-Boigny a, dit-on, financé sur sa cassette personnelle (montant supposé : 800 milliards de francs CFA) la construction de la cathédrale de Yamoussoukro (coût : 37 milliards de francs CFA). Mais à quelle œuvre de bienfaisance, religieuse, familiale ou ethnique, à quels lointains cousins dans le besoin profitent les deux milliards de francs (selon les estimations les plus timides) arrachés par Moussa Traoré à son pays, le Mali (revenu annuel par tête : 1 600 francs) ? Sa femme, aidée par son frère (nommé à un poste stratégique : directeur des Douanes), enrichie par ses prélèvements divers et nommée, pour cela, Madame 10 % (un taux sûrement inférieur à la réalité), doit-elle être respectée dans les siècles des siècles comme une figure de la tradition ?

On pourrait sourire de l'air blasé de qui connaît la vie : toute société a ses brebis galeuses, tout système ses pertes en ligne, et c'est ainsi que depuis toujours marche le monde...

Il est bien vrai que l'Afrique n'a pas le monopole de la corruption, loin de là. Nul pays n'est exempt de ce cancer et l'on dit qu'en France même, le mal gagne.

Mieux (ou pis) : la corruption n'est pas incompatible avec le développement. Beaucoup de régimes asiatiques, pour ne pas dire la plupart, ont été secoués par de sévères scandales. Et c'est au nom de la moralisation qu'en 1991 des militaires ont renversé le gouvernement thaïlandais : aux dires de tous, il avait dépassé les bornes. Pourtant, tous ces pays connaissaient des croissances à deux chiffres.

Quelle est donc l'originalité de la corruption africaine qui la rende si insupportable ?

D'abord, l'ordre de grandeur : la fortune de Mobutu, illégalement acquise et placée toute à l'étranger, dépasserait le montant de la dette du Zaïre.

Ensuite, l'évasion (*cf. infra*) : le fruit de la corruption gagne immédiatement la Suisse ou d'autres paradis fiscaux sans que la moindre part en soit investie dans le pays, à la différence des pratiques asiatiques.

Enfin, l'argent détourné n'est rien en regard de l'argent gaspillé. Par définition, en état de transparence, en bonne concurrence, le bon projet n'a pas besoin de bakchich pour vaincre. L'argent noir ne sert qu'à faire mal choisir. On connaît le nombre d'« éléphants blancs » en Afrique. Une étude réalisée en 1985 montre que sur 343 projets de grande envergure, 274 fonctionnaient mal, 79 d'entre eux étant d'ailleurs purement et simplement arrêtés[1].

Ne prenons pas les experts, noirs ou blancs, pour des imbéciles : la plupart savaient que ces échangeurs étaient inutiles, ces usines surdimensionnées, ces

1. *Ibid.*

universités, vides ou presque, construites en plein désert (telle celle de Saint Louis du Sénégal), promises à la ruine. Mais pour que soit signé le contrat, la déesse Corruption veillait.

Pourquoi ces milliards et ces milliards de dollars versés depuis trente ans en pure perte ? Nombreuses sont les réponses. Mais la première s'appelle corruption ; avec ses deux agents inséparables (le corrompu et le corrupteur) et ses deux conséquences (l'argent détourné, l'argent dilapidé).

L'évasion

Pour échapper aux rigueurs du temps ou de la société, l'« escapade », l'« *exit option* », est une tradition africaine[1]. Elle prend toutes sortes de formes : la dérision, la drogue et l'alcoolisme, la magie, le voyage dans un pays voisin (peu d'êtres humains sont aussi mobiles que les Africains), le repli dans les groupes (*cf.*, au Sénégal, la communauté religieuse des Mourides qui suit les enseignements d'Amadou Bamba, vit selon des règles originales et règne sur la culture, déclinante, de l'arachide), voire le retour à la vie sauvage, la disparition en forêt (*cf.*, au Zaïre, en 1970, les 15 000 Kitamalistes qui refusaient toute monnaie officielle hormis le billet de 20 makuta, parce qu'il portait l'effigie de Patrice Lumumba...)

Même si l'économie souterraine mobilise des forces insoupçonnées, ces fuites, ces « escapades » ne sont

1. J.-F. Bayart, *L'État en Afrique*, Fayard, p. 308.

à l'évidence guère favorables au développement de la société.

Deux évasions, des évasions sans excuse, car elles concernent les nantis, sont particulièrement dommageables :

— l'*évasion des capitaux*. Si les Africains n'investissent pas dans leurs pays, qui le fera ? Cette évasion n'est pas inéluctable. Le Ghana ayant vaillamment engagé sa renaissance, la confiance revient : 300 millions de dollars de capitaux privés extérieurs investis l'année dernière ;

— l'*évasion des contributions fiscales*. Le percepteur africain est un homme sans illusions. Il sait qu'au mieux, il récupérera, entre les « non monétarisés », les sans domicile et les titulaires de vrais-faux passe-droit, 30 % des impôts censés être dûs. Les plus mauvais payeurs seront les plus riches (jamais poursuivis). Il ne s'agit plus là du sport bien connu, notamment en France, de la Fraude fiscale, mais de la mort de l'État par défaut de ressources. Or, n'en déplaise aux idéologues libéraux, sans État, pas d'éducation, pas d'hôpitaux, pas de routes...

L'illusion : l'alibi du complot international

Ni les pays du Nord ni les entreprises multinationales ne sont des saints. Le pur et simple rapport de forces est leur règle. Mais cet état du monde, d'ailleurs aussi vieux que l'espèce humaine, n'a pas empêché six ou sept pays d'Asie, de même que quelques pays d'Amérique latine ou centrale, de connaître un développement fulgurant. Alors, la thèse

du « complot contre l'Afrique » est une excuse facile. Et malsaine.

C'est surtout à propos des matières premières (*cf.* p. 256) que les dirigeants africains ressassent cet alibi. Mais avec les mêmes cours mondiaux (très bas), les États-Unis gagnent de l'argent avec leurs arachides (n'en déplaise à M. Abdou Diouf) et la Malaisie a fondé une bonne partie de sa réussite sur le cacao : cruelle désillusion pour M. Houphouët-Boigny qui, il y a dix ans, ne voyait aucun avenir à ces agriculteurs asiatiques, « puisque ces pays n'ont pas de vraie paysannerie » *(sic)*...

La rente

L'Afrique souffre d'une maladie mortelle : la rente. Au lieu de produire, on préfère prélever. L'État donne, certes, le mauvais exemple (*cf.* p. 36), mais c'est dans tous les secteurs que la rente exerce ses ravages :

— les matières premières : on ne réinvestit pas le surplus ;

— la forêt : on la traite comme une mine, on ne replante pas ;

— l'aide publique ou privée : on considère comme financement normal le flux de ressources extérieures dont certains pays, tel le Sénégal, vivent quasi exclusivement. La captation de l'aide est devenue un métier : parmi la multitude des ONG africaines récemment créées, toutes n'ont pas des objectifs désintéressés ;

— la traite des Noirs : on attise la vieille culpabilité blanche (voir ci-dessous) ;
— l'ONU : on vend son vote. Israël a été le meilleur client de l'Afrique, très concurrencé par la France ;
— la position stratégique : on monnaie cher l'installation d'une base en tel endroit clé (*cf.* Djibouti) ;
— etc.

La réparation

25 milliards de dollars ! C'est la somme que réclame l'Afrique en réparation de cinq siècles d'esclavage. La requête a été officiellement présentée à la fin 1990 à Lagos (Nigeria), lors de la Conférence mondiale pour la réparation à l'Afrique et aux Africains de la diaspora. L'Europe et les deux Amériques seraient ainsi les débiteurs d'un continent qui, il faut s'en souvenir, est la zone du monde la plus endettée (130 milliards de dollars) au regard de son produit intérieur brut.

Pour la première fois, la « longue nuit de la traite » (selon l'expression du président béninois Nicéphore Soglo) a trouvé une formulation purement — et froidement — économique et comptable. L'Afrique s'adresse à ses anciens maîtres dans leur propre langage : le chiffre, la statistique (vingt millions d'hommes et de femmes « prélevés », sans oublier les enfants à naître, future force productive ôtée au continent), le bilan. Ce que l'Occident offre comme un don (l'aide), il devrait le restituer comme un dû.

Troquer la dette contre la traite des Noirs ? Après tout, l'Allemagne vaincue de 1918 dut payer

132 milliards de marks aux Alliés. « Aujourd'hui encore, écrit Mamadou Alpha Barry[1], elle est astreinte à dédommager Israël pour l'holocauste perpétré contre les Juifs par le régime nazi, alors même que cet État n'existait pas à l'époque où ce crime a été commis. »

Mais la réparation ne saurait effacer le passé, qui sera toujours le passé. L'avenir, avec ou sans 25 milliards de dollars, restera à construire.

Les experts en développement savent en outre que l'endettement de l'Afrique est un obstacle réel mais assez secondaire, comparé à la pénurie d'épargne, à l'implosion du système bancaire, au manque d'encouragement à l'investissement privé. La dette a de surcroît été très rarement contractée pour financer des activités de production industrielle. « Oublier » l'endettement de l'Afrique (c'est le thème sous-jacent à l'annulation des créances) reviendrait à gommer ses faux-pas d'hier sans la mettre pour autant sur la voie du développement.

Le continent noir dispose d'esprits entreprenants et imaginatifs en marge des structures étatiques. Il manque un liant pour que la pâte lève.

La démocratie ?

1. *Jeune Afrique Économie*, août 1991.

Vitalité 2

Musique d'abord, sport toujours

L'Afrique est un continent à percussions. Sous la peau noire court le chant du monde. Manu Dibango, Touré Kunda, Alpha Blondy, Papa Wemba, Salif Keita, tant d'autres, mais surtout et d'abord l'homme et la femme de la rue, gaieté au visage, et imagination, et improvisation, rythme, danse, la musique claque dans leurs doigts.

Souvenir d'une arrivée à l'aéroport de Johannesburg : sur le trottoir, un petit vendeur de journaux s'agite d'un pied sur l'autre, gracieux, contagieux ; on a envie d'en faire autant après dix heures de vol depuis Paris. Sur sa tête, aucun walkman. Sa musique, il la porte en lui, et elle le transporte loin du bruit des avions.

Et dans ce restaurant de Gaborone, au Botswana, spectacle étonnant que celui de ces serveuses qui approchent, danse au pied, pour apporter les plats. Combien d'Afriques y a-t-il dans le jazz, la *soul*, la *salsa* et ce qu'on appelle aujourd'hui la *world music* ? Quand le tube de Mory Kanté, *Yéké Yéké*, s'installe au top 50, on mesure le parcours suivi par la musique noire (« assaisonnée à la sauce blanche », disent les grincheux) jusqu'à nos oreilles. Brassens ne disait-il pas qu'il empruntait aux chanteurs noirs pour rythmer ses paroles et ses mélodies ?

« La musique africaine s'écoute au Zénith, à l'Olympia, à Bercy, au Casino de Paris et même au Palais des Congrès, écrit Karim Bekkaye dans *Faim et Développement*, le journal du C.C.F.D. (Comité catholique contre la faim et pour le développement). Paris est la capitale de la musique africaine. "Celluloïd", entreprise pionnière dans la production et la diffusion du disque africain, se porte plutôt bien. C.B.S. France, Virgin, Barclay, Polydor, les plus grandes maisons investissent dans cette musique qui profite d'un marché stable et d'un public fidèle. » Signe, au passage, que la culture africaine peut aussi constituer un moteur économique non négligeable pour le continent. L'auteur résume bien l'évolution en cours en soulignant le mariage célébré par les artistes africains entre le balafon, la kora (harpe) et le synthétiseur !

Autres noces non moins brillantes, celles de la musique et du sport africains. Quel plus beau symbole que celui de Yannick Noah et des siens, sautant en chenille sur l'air de *Saga Africa* après leur victoire en finale de coupe Davis ?

L'Afrique, lanterne rouge de la compétition

économique internationale, l'Afrique aux pieds nus sait courir à toute allure. Inoubliable Abebe Bikyla, la gazelle des hauts plateaux, champion olympique du marathon ! Après un grave accident, l'athlète éthiopien terminera sa vie paralysé dans une chaise roulante.

Combien de sprinters, de relayeurs, de sauteurs en longueur, combien de footballeurs incarnent cet élan vital de l'Afrique à travers la course contre le temps ou la course au but ? Étonnants « Lions » du Cameroun, superbe Roger Milla pendant la coupe du monde de football, incarnation de la poésie balle au pied, du goût du jeu, de l'intelligence des gestes et de la trajectoire ! Grâce de Surya Bonaly sur ses patins à glace, de Marie-Josée Pérec sur ses pointes dans la cendrée des stades, et de l'unique skieur africain (l'un des deux membres de la fédération sénégalaise avec le président-trésorier-fondateur...) aux Jeux olympiques d'Albertville...

Pour en finir avec le petit-nègre

Savez-vous distinguer le poulet-avion du poulet-bicyclette ? Le premier est né poussin en Europe ; il a connu la couveuse, l'aliment composé, les cages collectives des poulaillers modernes ; on le dit friable et fragile ; s'il a pu gagner l'Afrique, c'est grâce aux battements d'ailes d'un avion-cargo. Le poulet-bicyclette, lui, est un autochtone, un coureur de brousse ; ses mollets sont fermes, coriaces à la dent ; nul doute que sa toison jaune native récompense un exploit cycliste !

Poulet-avion, poulet-bicyclette : joie d'une langue qui n'est pas d'ébène, dans cette Afrique où se réinvente le français.

Pour Pierre Dumont, ancien directeur du Centre de linguistique appliquée de Dakar et provocateur à l'occasion, le français est « une langue africaine[1] ». Du Sénégal au Cameroun, du Bénin à

1. *Le Français, langue africaine*, L'Harmattan, 1991.

Djibouti, on parle désormais un français africanisé, non codifié, qui, par ses différences avec le français de France, marque le décalage grandissant entre un continent devenu indépendant et l'ancienne puissance coloniale.

A proprement parler, il faut une bonne dose d'imagination, de force et de maturité pour forger son identité avec la langue du Blanc, transformée en outil de modernité et même d'indépendance : les Djiboutiens ne brandissent-ils pas le français pour se prémunir d'une influence arabe ? En s'appropriant le français, l'Afrique perd ses complexes face à une langue réputée supérieure. La voilà « tropicalisée », rendue proche d'un univers familier des Africains, quoique fabriquée avec les mots dérivés du vocabulaire « métropolitain ».

Lisons Pierre Dumont : « Un parler français régional africain, avec des variétés locales, subrégionales, est en passe de se développer et de devenir un véritable instrument de communication interethnique et interculturelle, un instrument de la modernité. » Pareille au judoka détournant à son profit la force et l'énergie de son vis-à-vis, la société africaine a capté la vigueur du français pour sa propre édification contemporaine. « Le français d'Afrique, poursuit Pierre Dumont, peut être considéré comme le trait d'union entre les différentes situations linguistiques africaines, [sans qu'il puisse] jamais, sous quelque forme que ce soit, remplacer les langues africaines. » A ses yeux, le français « ne doit pas se folkloriser, mais devenir le véhicule d'une autre perception du monde et même d'une autre conception de l'univers (...), le lieu de production d'un sens africain. »

On est loin ici du français « tirailleur » ou petit-nègre jadis moqué. Pierre Dumont a relevé à quel point le français d'Afrique, loin d'être un « bâtard linguistique », apparaît au contraire comme « un véritable idiome (...) digne de servir de véhicule aux manifestations les plus hautes de la culture ». Aux sources de ce langage propre, il y a bien sûr des mots et des expressions, des métaphores et un don inouï pour la synonymie qui participe de l'éloquence africaine (faite du son, de la parure et de la danse, la parure s'entendant ici comme le chant accompagnant la parole, la danse évoquant le rythme propre de la phrase africaine, explique Pierre Dumont).

La fête se dira tout aussi bien *intimité, invitation, ambiance, organisation.* Le fêtard est un *ambianceur*, la prostituée une *échangère* ou *couloirdeuse*, la maîtresse le *deuxième bureau.* On dit *amourer* pour avoir des relations sexuelles. *Gagner petit* signifie avoir un enfant, *cadeauter* offrir un cadeau, et *fréquenter les bancs* aller à l'école. Un engin spatial est baptisé *conjonctivite* ! (Éclaircissement de Pierre Dumont : un lancement d'Apollo, en 1969, coïncida avec une épidémie de conjonctivite dans de nombreux pays d'Afrique...) Les expressions imagées ne manquent pas, qui vont du *bras cassé* (fonctionnaire sans affectation, mais encore rémunéré) au *couteau à deux tranchants*, pour désigner un individu qui sème la discorde en rapportant aux uns les propos (déformés) tenus par d'autres. La présence en Afrique du Fonds monétaire international ne passe pas inaperçue dans le parler populaire : un homme qui a tout perdu, femme, emploi et joie de vivre, est *ajusté*, par référence aux programmes d'« ajustement structurel » imposés par l'institution onusienne. Si la situation du malheureux s'améliore, le voilà *restructuré*... Tel groupe musical chante *La crise, c'est la sécheresse des banques*, et au Zaïre, triste actualité oblige, les maisons de passe ont été baptisées *sidagogues*.

Le reporter de *Libération*, Stephen Smith, a pu écouter ce qu'il appelle « la jactance des *nouchis* d'Abidjan[1] », ces gavroches dont le nom veut dire « poils du nez » en dioula. *Sida-là*, disent-ils, *c'est plus fort que courte maladie. Il faut mettre plastic, mais plastic-là, ça ne va pas jusqu'au bout du goût.* Un *tais-toi*, observe Smith, est « un billet de dix mille francs CFA, l'unité de mesure de la grande corruption, le prix du silence à Abidjan ». Une fille facile est un *go-automatic*. D'après Smith, le *nouchi* est ainsi une vraie langue « créée de toutes pièces à partir du français, de dialectes et langues africains ».

1. *Libération* du 15 octobre 1987.

Toute cette appropriation relève d'une compétence qui reste difficile à analyser, voire mystérieuse. Elle est, conclut Pierre Dumont, « la marque la plus profonde que les Africains peuvent imprimer au français, à *leur* français ».

Le triomphe de l'informel

Où se faire photographier pour un document officiel ? Comment se procurer une pièce de rechange, un repas sur son lieu de travail, une cigarette ou de l'huile au compte-gouttes ? Où trouver le stock de base pour ouvrir un commerce de produits à l'unité ? Comment se soigner, se déplacer, se loger ?

L'esprit d'entreprise existe en Afrique. Il est même particulièrement vif. Le paradoxe africain est là : une activité incessante, une floraison d'initiatives... pour un résultat global insignifiant, en tout cas très insuffisant pour compenser la pression démographique, le désinvestissement étranger ou encore le fardeau de la dette.

La vigueur « entrepreneuriale » de l'Africain se manifeste surtout dans deux grands domaines de l'activité économique : la micro-entreprise de production ou de service et le commerce. Partout, à grande vitesse, se développe l'économie souterraine, partout se multiplient les petits métiers, tandis que stagne ou régresse le secteur productif « normal ».

Dans les villes comme dans les campagnes, souvent animé par les femmes qui trouvent dans ce travail le moyen de s'épanouir (et de s'affranchir de la tradition), ce secteur informel recouvre les activités les plus diverses — réparation, petite production, récupération, recyclage, distribution, service collectif de voisinage, traiteurs des rues, transports, transformation, fabrication, au sein d'entreprises artisanales souvent minuscules.

Simple palliatif, élan primaire de sauvegarde, réponse à la pulsion quotidienne de survie, cette explosion de l'informel est-elle capable d'engendrer autre chose que sa propre reproduction ? Est-elle un obstacle au « vrai développement » ou, au contraire, le signe et le moyen de la renaissance africaine ?

Les économistes officiels, les « experts » patentés méprisent cette agitation. Leurs arguments ne sont pas sans fondements :

— gérées le plus souvent de façon archaïque, ces entreprises ne permettraient pas l'accumulation du capital nécessaire pour améliorer leur productivité et assurer leur diversification ;

— elles ne favoriseraient guère la création d'une culture d'entreprise et n'assureraient que bien imparfaitement un rôle de formation au travail ;

— enfin, elles ne seraient pas non plus sources de diffusion d'un savoir-faire ou de techniques.

D'autres voient au contraire dans le développement de la micro-entreprise le salut de l'Afrique. Multiforme et peu capitalistique, le secteur informel permet tout de même à chacun de faire preuve d'initiative, de se tester et de s'aguerrir, en même temps que de se former soi-même.

De surcroît, le secteur informel invente une nouvelle forme d'organisation sociale et productive, modifie les rapports salariaux, fait éclater le concept de chômage, bannit la mendicité, renouvelle et élargit le rôle de la famille.

Il constitue progressivement un canevas de relations économiques et sociales. Elles reflètent une infinie capacité d'adaptation, un sens aigu du marché — fractionnement des biens pour répondre à une demande elle-même morcelée — et démontrent les possibilités d'une organisation productive originale.

L'informel, pépinière d'entreprises performantes[1], est aussi une forme de résistance, le moyen d'échapper aux prélèvements, aux tracasseries diverses. Prélèvements devenus insupportables, à la fois trop lourds et imprévisibles en regard d'un chiffre d'affaires amoindri par la crise.

A cette vision quelque peu idéalisée s'ajoute une bonne part d'intérêt bien compris. Ainsi, une faune de prédateurs et de parrains s'est constituée, qui tarifie la protection apportée aux activités

1. *Cf.* Esprit d'entreprise, es-tu là ?, p. 77.

souterraines et restaure les fameuses barrières à l'entrée de la concurrence pure et parfaite.

L'État lui-même ou les collectivités publiques y trouvent leur compte grâce aux diverses taxes auxquelles ne peuvent totalement échapper ces prétendus « acteurs de l'ombre » qui n'en travaillent pas moins au grand jour. Le budget annuel de la ville d'Abidjan n'est-il pas alimenté par des péages sur l'utilisation de l'espace public ?

En fait, dans l'Afrique d'aujourd'hui, une étroite imbrication s'est peu à peu créée entre le formel et l'informel, chacun tour à tour devenant l'autre ou se nourrissant de lui.

D'où peut bien venir la marchandise sans cesse renouvelée mais apparemment si rare qu'elle paraît non pas en vente, mais en démonstration dans la multitude de petites échoppes propres et misérables qui jalonnent les rues de la plupart des capitales ?

L'informel filialisé ou le formel sous contrat, voilà bien une réponse à la difficulté des temps !

Assurément, l'Afrique n'est pas vouée à l'économie informelle, au bricolage. Mais elle lui doit de résister vaillamment à la misère et de préparer l'avenir. En tout cas de n'être pas condamnée.

Pas dupes II

Pénurie ou abondance ?

On la croyait pleine d'avenir. La zone franche togolaise est aujourd'hui en voie de faillite.

Les explications ne manquent pas : erreurs d'appréciation du marché, coûts prévisionnels systématiquement sous-évalués, supports logistiques insuffisants — une marchandise ne met-elle pas trente-trois jours pour se rendre de Lomé à Abidjan ? —, prélèvements douaniers et para-douaniers excessifs et imprévisibles (entre 500 et 100 000 francs CFA), conjoncture défavorable, etc.

L'une de ces explications serait l'insuffisance des moyens financiers disponibles.

La réalité est bien différente. Si l'on recense les seuls fonds apportés par les institutions multilatérales — études, participations, frais d'installation, etc. —, on aboutit à 25 millions de dollars, auxquels il faut ajouter les contributions bilatérales, plus discrètes mais fort importantes.

C'est largement plus qu'il n'en faut pour satisfaire les besoins financiers en études et créations d'entre-

prises. Et les dépenses effectives sont bien loin d'atteindre ces montants.

On peut alors se poser la question : une partie des difficultés d'industrialisation de ce pays ne seraient-elles pas liées plutôt à l'*excès* de financement ?

Absurde, sans doute... Mais pas plus que d'imputer les difficultés à la pénurie !

Esprit d'entreprise, es-tu là ?

Ceux qui croient au développement de l'Afrique par l'initiative privée[1] devraient se précipiter sur le travail réalisé par le consultant Keith Mardsen pour le compte de la Société financière internationale (S.F.I.). Sous le titre *Les chefs d'entreprise d'Afrique, pionniers du développement,* la filiale de la Banque Mondiale a mené une enquête instructive et surprenante auprès de trente-six entrepreneurs du continent dans six pays (Botswana, Côte d'Ivoire, Ghana, Kenya, Malawi, Tanzanie). Pendant trop longtemps, l'entreprise privée a été perçue en Afrique avec méfiance, l'État passant pour être le meilleur moteur et le plus sûr timonier de l'économie. On regardait les firmes privées au mieux comme des *chaînons manquants,* au pire comme des épouvantails lorsqu'elles arboraient une nationalité étrangère.

1. Saluons l'action enthousiaste et efficace au sein du Patronat français de Jean-Pierre Prouteau ancien ministre, véritable ami de l'Afrique. Il milite en faveur d'un partenariat d'entreprises ouvert et équilibré.

La vague de privatisations entamée sous la houlette des grands bailleurs de fonds incite de nombreux États à partir en quête de l'« entrepreneur perdu ». Une pression est là, menaçante : l'accroissement de la population, qui devrait augmenter en Afrique de 600 millions de personnes d'ici à l'an 2020. « Il appartiendra aux entrepreneurs africains de créer les emplois correspondants, lit-on dans le rapport de la S.F.I., et seule leur initiative permettra de garantir la production en quantité suffisante de biens et de services bon marché. »

Ces « introuvables », Keith Mardsen les a dénichés. Nés dans le maquis opaque du secteur informel, ils ont peu à peu émergé au grand jour, prouvant à eux-mêmes et aux autres que leur entreprise était viable, rentable, possible.

« Au Ghana, un producteur d'œufs a commencé avec moins de 200 dollars, trois enclos à poulets et 900 poussins d'un jour. Il emploie actuellement trois cent dix ouvriers et son chiffre d'affaires annuel est de 1,5 million de dollars. Dans le même pays, un conglomérat familial fabriquant des vêtements, des spiritueux, du mobilier et des livres de classe a commencé comme petit magasin de nettoyage à sec. Un Malawien qui a quitté l'école à l'âge de dix-huit ans pour travailler à son compte comme calibreur de tabac est maintenant propriétaire et directeur de quatre sociétés de culture et séchage du tabac, de traitement et d'exportation de produits, d'investissements financiers et d'importations de machines. Au Botswana, un fabricant de vêtements a commencé avec 100 dollars d'économies, une remise, des machines à coudre louées et deux apprentis ; il emploie soixante-cinq personnes, et ses ventes annuelles atteignent 300 000 dollars... »

Keith Mardsen multiplie les exemples de ces chefs d'entreprise modernes qui contribuent « au recul de la pauvreté et au progrès social ».

Imagination ou réalité ? Les audacieux entrepreneurs de Keith Mardsen ne sont pas des personnages de roman ni des statistiques floues. Ils ont figure humaine, de belles cartes en main, et la réussite au bout des doigts.

« Deux femmes chefs d'entreprise du Botswana ont engagé des femmes illettrées (dont beaucoup de mères célibataires) pour leurs fabriques de vêtements et de tricots. Ces femmes ont ainsi acquis des aptitudes professionnelles et un emploi stable qu'elles auraient eu du mal à trouver autrement... Au Kenya, un exportateur de produits horticoles est approvisionné à 93 % par de petits exploitants. Il leur fournit les semences et le calendrier des semences, leur donne des conseils sur les techniques culturales. On lui doit un élargissement de l'accès aux marchés, la création d'emplois plus réguliers et la diversification du revenu rural. »

Et de citer encore cette entreprise ivoirienne de conserve de poisson et de crustacés qui assure un revenu régulier à deux mille artisans pêcheurs et à leurs familles, leur fournit des filets et des blocs de glace. Ou cet égreneur de coton du Malawi qui permet de soutenir l'agriculture villageoise et, partant, fournit des clients aux artisans et commerçants ruraux.

Contre-saison

Les haricots verts frais présents sur les marchés de France au milieu de l'hiver ont de grandes chances d'avoir été produits au Kenya autour de Sangana, de Kibwezi ou d'Eldoret.

Ceux que l'on consomme en boîte ont été produits et conditionnés par une entreprise franco-kenyane du district de Kakamega.

En quelques années, la production de haricots verts est devenue le fleuron de l'horticulture kenyane dont les performances générales sont exceptionnelles.

Le haricot vert n'est qu'un des aspects du remarquable succès obtenu en vingt ans par le Kenya dans le domaine de l'horticulture. Celle-ci est devenue la troisième source de devises du pays, après le thé et le tourisme, mais avant le café, historiquement la première.

De l'ordre de 1 500 tonnes en 1968, représentant environ 450 000 dollars, les exportations horticoles kenyanes sont passées à 50 000 tonnes, pour une valeur d'environ 65 millions de dollars en 1990.

La gamme de produits ne cesse de s'étendre. Ainsi, plus de cinquante variétés de fleurs sont cultivées et diverses études en matière de semences sont en cours. Le Kenya, qui n'exportait pratiquement pas de fleurs en 1975, est devenu le quatrième exportateur mondial.

Cependant, avec seulement 10 % de la surface du pays aptes à l'agriculture, ce pays manque de terres arables. Cette relative rareté explique assez largement l'orientation horticole donnée à l'agriculture, que sa forte valeur ajoutée rend compatible avec le manque de sols.

D'autres motifs peuvent être avancés. Les cultures horticoles et le secteur semencier sont très utilisateurs de main-d'œuvre. Ils favorisent donc un haut taux d'emploi, la rémunération offerte étant de surcroît supérieure à celle des cultures traditionnelles comme le maïs, le thé ou les cultures vivrières. Assurée par des petits paysans conjointement à leurs cultures vivrières, la production horticole retient en outre les populations rurales, freinant ainsi considérablement l'exode vers les villes[1]. Enfin, cette production, largement consommée localement, a permis de diminuer les importations (bananes et raisins).

---

1. Les informations relatives au secteur horticole et à son fonctionnement ont été fournies pour une grande part par Isabelle Hénin-Spindler, chef de projet ONUDI à Nairobi.

Au total, l'agriculture représente 30 % du PIB, emploie 75 % de la population et permet au Kenya d'atteindre quasiment l'autosuffisance alimentaire[1].

Cette performance a notamment été rendue possible par la création en 1967 de la Horticultural Crops Development Authority (HCDA) qui a provoqué une véritable émulation et une coopération entre petits cultivateurs, entrepreneurs locaux, investisseurs étrangers et autorités kenyanes.

Avec le Centre du Commerce international de Genève, elle a mis en place un système d'information sur les marchés. Elle a délivré des licences d'exportation horticole, créé des centres d'emballage, participé à la création de centres de stockage et de réfrigération, aidé à la normalisation et au contrôle de la qualité des productions, ainsi qu'à la répartition des capacités de transport aérien, et assuré les services de formation et d'aide à la commercialisation[2].

L'action publique est en outre complétée par un institut de recherche agricole qui expérimente de

---

1. On remarquera que bon nombre de citadins au Kenya conservent des liens étroits avec leur zone rurale d'origine et continuent, à temps partiel et en relation avec leur famille restée sur place, l'exploitation d'un lopin de terre ou d'une ferme. Ce maintien d'un réel attachement à la terre, qui n'est pas propre au Kenya et se retrouve dans quelques autres pays africains, favorise l'autosuffisance alimentaire.

2. *Cf. L'Afrique subsaharienne : de la crise à une croissance durable*, Banque Mondiale, novembre 1989.

nouvelles variétés et contrôle la vente des plants.

L'ensemble de ce dispositif a largement favorisé l'initiative privée.

L'exemple suivant d'une joint-venture franco-kenyane illustre les relations entre les différents stades, de la production à la commercialisation :

En décembre 1981, Saupiquet (France), Njoro Canning Factory (Kenya) et Hortiequip Ltd (Kenya) signent un contrat de cinq ans[1]. Le groupe français contrôle la production agricole et industrielle, et met au point les techniques de production et d'utilisation d'engrais organiques par les petits producteurs. Njoro Canning achète les haricots à trente mille petits agriculteurs du district de Kakamega. Par ailleurs, au moyen d'une équipe de huit cents personnes, Hortiequip assure l'assistance technique auprès des petits producteurs. Au terme de huit années d'exploitation, le groupe produit six millions de boîtes par an, soit 5 000 tonnes de conserves de haricots verts extra-fins.

De nouvelles perspectives s'ouvrent aujourd'hui sur les marchés internationaux avec les fruits tempérés, les mini-légumes et les fruits rouges.

Le secteur horticole kenyan offre ainsi un exemple réussi d'articulation efficace entre une politique publique souple et continue et un secteur privé dynamique, avec une adaptation méticuleuse des conditions locales aux marchés internationaux.

---

1. Le contrat a été repris en 1986 par Bonduelle.

Zone franche

Sénégal, Togo, île Maurice, aujourd'hui Madagascar : nombreux sont les pays qui, en créant une zone franche, croient se lancer sur les traces de Hong Kong, Singapour ou Manaus.

Aucun ne peut cependant ignorer que quelques succès retentissants cachent une multitude d'échecs.

La voie est étroite mais pourtant praticable si l'on en juge par l'expérience réussie de l'île Maurice.

Maurice ne ferait pas partie de l'Afrique, dit-on. Trop excentrée, trop particulière, trop différente, au fond trop visitée par le succès. Pourtant, au début des années soixante, les jeux étaient loin d'être faits. L'économie mauricienne, de même que sa structure démographique, étaient semblables à celles de la plupart des autres pays africains, et les perspectives tout aussi défavorables.

Le cercle vicieux de la pauvreté a cependant été rompu.

Le taux de croissance démographique est aujourd'hui de l'ordre de 1 %, soit le plus bas de la région. L'espérance de vie est de soixante-neuf ans. Le taux de scolarisation de 100 % pour le primaire (50 % pour le secondaire).

Le sucre ne représente plus que 32 % des recettes d'exportations (98 % il y a vingt ans), celles de la zone franche se taillant la part du lion avec 62 %. Leur composition évolue — de la laine vers les fils textiles et les tissus, de la chemise bas de gamme vers le prêt à porter de qualité — et se diversifie vers les secteurs de l'alimentation, des fleurs, de la bijouterie, des produits électriques et électroniques.

Selon la boutade d'un industriel de l'île, tout a commencé par l'exportation de trous.

Un bijoutier suisse, M. Poncini décide, un jour, d'utiliser l'habileté du travailleur mauricien pour percer des trous dans des pierres précieuses et semi-précieuses importées puis réexportées en Suisse pour être transformées en bijoux. Faible pondération, grande valeur ajoutée, importance déterminante de la dextérité humaine, forte utilisation de main-d'œuvre : l'exportation de trous s'est révélée extrêmement rentable. Aujourd'hui, la taille des diamants et la fabrication de bijoux sont des activités prospères à Maurice.

C'est après l'indépendance que la politique industrielle s'est rapidement réorientée — prenant modèle sur ce qui allait devenir les « dragons » d'Asie — vers la production manufacturière destinée aux marchés étrangers.

Il faut entendre M. Benoît Arouff, président de la Mauritius Export Development and Investment Authority (MEDIA), évoquer cette époque déterminante pour l'île, dans un discours où se mêlent l'enthousiasme, le réalisme, une certaine crainte eu égard à l'enjeu et aux risques pris, mais empreint d'un bout à l'autre de l'esprit démocratique de l'île[1] :

« ... En 1968, on mit sur pied une coalition de divers partis politiques en vue d'assurer la stabilité indispensable à une action aussi révolutionnaire. Cela fait, on se lança dans des missions outre-mer afin d'attirer les investisseurs étrangers en leur proposant un ensemble alléchant d'avantages, et d'étudier dans le même temps les divers systèmes de zone franche en application. En décembre 1970, notre zone franche industrielle voyait le jour...

« Aux termes de la loi, des privilèges particuliers étaient accordés à ceux qui désiraient produire pour l'exportation...

« Au niveau politique, ce fut un combat incertain. On parla d'exploitation de notre main-d'œuvre par l'étranger. Le travail était trop dur, trop inhumain ; les salaires trop bas. Par chance, la majorité des travailleurs étaient des femmes qui avaient abandonné leurs tâches domestiques pour aller dans des manufactures où, en tout cas, elles

1. Discours prononcé à l'occasion de la première réunion régionale de coopération industrielle qui s'est tenue à Nairobi en février 1987, repris dans *Possibilités de coopération industrielle*, n° 87, mai-juin 1989, CDI.

recevaient un meilleur salaire, avaient un horaire de travail régulier et étaient payées pour les heures supplémentaires. Aussi tinrent-elles bon, et, pendant ce temps, face à des critiques sans nombre, le gouvernement continua à encourager l'afflux d'investisseurs étrangers qui, pour leur part, n'eurent aucune difficulté à trouver des partenaires locaux...

« Les premiers investisseurs arrivèrent de Hong Kong... Ils étaient surtout intéressés par notre association avec la Communauté européenne en qualité de membre associé...

« L'exemple fut rapidement suivi par des investisseurs d'autres pays, y compris ceux de la CEE... »

Le succès n'est jamais acquis : c'est le propre d'une zone franche de susciter en permanence des inquiétudes sur son avenir. Peut-être même qu'aucune zone franche n'aurait de véritable avenir à long terme...

Relocalisation d'activités textiles dans certains pays d'origine, nouvelles règles de protection, incapacité à réussir la diversification dans l'électronique, qui constitue la deuxième vague porteuse pour la zone franche, apparition de nouveaux concurrents aux avantages salariaux déterminants, etc. : autant de facteurs d'incertitude sur la plupart desquels le gouvernement mauricien n'a guère de prise.

Cependant, après vingt et un ans d'existence, la zone a permis la création d'entreprises importantes et solides (Floréal, Roger's) et les Mauriciens eux-mêmes y ont investi (ils possèdent 50 % du capital des entreprises de la zone franche).

En ayant atteint un niveau élevé d'influence sur l'ensemble de l'économie de l'île, la zone franche a déjà rempli un rôle essentiel.

Ça plane pour Ethiopian

Créée en 1946, Ethiopian Airlines a construit son succès autour de quatre lignes directrices principales :

Crédibilité technique, indispensable au succès commercial, grâce à un accord d'exploitation passé avec TWA au début des années cinquante. Cet accord a également favorisé le développement d'un département d'assistance technique (entretien, pilotage) à diverses autres compagnies, notamment du Moyen-Orient.

Africanité, avec la constitution d'un réseau continental, à ce jour unique en son genre, qui assure plus de 30 % de ses recettes (60 % des lignes).

Indépendance des choix d'entreprise face aux pressions extérieures. Entreprise publique, qui comprend donc des représentants du pouvoir politique dans son conseil d'administration, elle n'a apparemment guère subi de pressions dans sa gestion, que ce soit au niveau des recrutements ou licenciements, de la politique tarifaire ou du choix des lignes.

Rentabilité : les décisions d'ouverture ou de fermeture de lignes ont toujours répondu à des critères commerciaux et de viabilité financière. De ce point de vue, on remarquera, au contraire d'autres compagnies africaines, que l'affrètement d'un avion par l'État donne lieu à compensation financière et que les fonctionnaires éthiopiens acquittent leurs passages.

A la fin de 1991, Ethiopian Airlines disposait d'une flotte de vingt et un appareils moyen et long-courriers (dont quatre avions-cargos) et de seize avions légers. Assurant le trafic sur trente-six lignes internationales, la compagnie employait 3 200 personnes.

Dans son classement annuel portant sur 1990, la revue spécialisée *Airline Business* situait Ethiopian Airlines à la 92e place pour le chiffre d'affaires, à la 17e pour les bénéfices, et à la 4e pour la marge d'exploitation.

Beau résultat dans un pays sinistré.

Quand l'Afrique fait son cinéma...

A « Ouaga », il y a plus de cinéastes que de pellicule. C'est l'homme de la rue qui le dit. Et pour cause ! Depuis 1969, la capitale du Burkina-Faso, l'un des pays les plus pauvres d'Afrique, accueille une manifestation retentissante : le *Fespaco,* ou Festival panafricain du cinéma de Ouagadougou. Il a fallu plus de vingt ans pour que cet événement noir compte parmi les rendez-vous obligés du Septième Art. Les écueils y restent nombreux, comme la tendance à s'autocongratuler entre Africains, à s'installer dans un confortable ghetto culturel où le sens critique s'anesthésie, à pécher par consanguinité ou manque de professionnalisme : un film n'est pas nécessairement un chef-d'œuvre parce qu'il est africain... Sans parler des difficultés matérielles qui rendent souvent les projections interminables, en raison des pannes à répétition des projecteurs.

Ces réserves émises, l'émerveillement demeure. Souleymane Cissé, Idrissa Ouedraogo, Med Hondo, et le plus ancien, Sembene Ousmane : combien de réalisateurs africains ont littéralement impressionné la pellicule, avant de toucher le cœur et l'imagination d'un public toujours plus étendu, piqué dans sa curiosité par ces Noirs conteurs de vraies histoires qui ne sont pas — ou c'est selon — des histoires vraies.

A « Ouaga », tout le monde s'occupe de ce qui se passe dans les salles obscures, et Idrissa Ouedraogo *(Tilaï, Yaaba)* est célébré comme un héros, démiurge de la « bobine de rêve ». Présent au *Fespaco 91*, le directeur du Centre national du Cinéma, Dominique Wallon, déborde d'enthousiasme : « Le potentiel de renouvellement des sujets, de renversement des ordres de valeurs et des formes cinématographiques est exceptionnel, que ce soit entre rêve et réalité, société réelle et société "construite" par les médias, et, dans les rapports entre les hommes, entre société rurale et urbaine. »

Voici ce qu'écrivait le sévère Louis Marcorelles après la projection du *Choix*, d'Idrissa Ouedraogo, en 1987 : « Tout est dans l'image, le regard, le geste parfaitement synchrone au paysage environnant[1]. » Et il concluait : « On applaudira sans réserve ce film parfaitement maîtrisé, prometteur d'autres révélations sur un continent qui a tout son avenir cinématographique devant lui. » De retour de « Ouaga » au lendemain du 10e *Fespaco*, la journaliste Catherine Humblot célébrait à son tour « Ouaga,

1. *Le Monde*, 29 janvier 1988.

capitale du cinéma, la seule ville d'Afrique où l'on peut parler de films avec un chauffeur de taxi ou une serveuse de bar ! Un festival-oasis au milieu de la marée montante de films de série B, des westerns, des karatés asiatiques, des films indiens, égyptiens[1]... »

S'il est un prodige en Afrique, c'est bien l'émergence de ce cinéma sorti du néant. A l'époque des indépendances, nul ne filmait ce continent, surtout pas les Africains eux-mêmes. La première image de l'Afrique, sur l'Afrique, fut tournée par l'homme blanc, avec les répercussions néfastes qu'on imagine pour les noirs, nègres, négros, disant *oui-buana,* riant beaucoup et courant vite.

Depuis son petit bureau (deux personnes seulement s'occupent du cinéma africain) le « Monsieur Cinéma » au ministère de la Coopération, Michel Brunet, visionne dans sa tête trente années de bobines noires. A ses yeux, le véritable acte de naissance date de 1962, avec le film de Sembene Ousmane, *Boram Saret.* C'est la chronique d'un petit colporteur avec sa charrette à âne, dans les rues de Dakar : « *Boram Saret* a marqué une génération de cinéphiles, affirme Michel Brunet. On y trouve un humour assez proche de celui de Tati et de *Jour de fête.* » Aussitôt après, il place *Soleil O,* de Med Hondo, représentatif d'un cinéma militant, revendicatif, quelque peu agressif, mais de qualité indéniable. Puis vient Souleymane Cissé,

1. *Le Monde,* 10 septembre 1989.

« qui donne au public français la vision d'une Afrique mystique, dont la dimension sacrée ne s'explique pas ; un mélange de beau et de mystérieux... Avec Ouedraogo, apparaît une Afrique profonde et respectable, emplie d'une culture traditionnelle épurée. Il n'y a pas de mystère enveloppé. Les thèmes sont simples : c'est la tragédie grecque transposée à la société africaine, avec l'appui d'images et de sons modernes. Dans *Tilaï* ("La Loi"), le paysan-voyageur Saga découvre, après une longue absence, que son père a épousé sa fiancée Nogma. Il refuse avec véhémence cette règle tribale et vient habiter près de celle qu'il aime. La mort sera au rendez-vous... »

Avec un budget annuel compris entre 12 et 15 millions de francs, la Coopération française consacre des sommes dérisoires mais méritoires au cinéma africain, même si le label de la « rue Monsieur » incite en général d'autres investisseurs, y compris étrangers, à débloquer à leur tour des financements (c'est le cas de la chaîne télévisée britannique *Channel Four*).

Avec la démocratisation en marche sur le continent, c'est un droit à l'image que revendique l'Afrique. Une autre image que celle des calamités en série, de la corruption, du népotisme, du déclin et de l'exclusion. Le cinéma est aussi un moyen pour les anciens États colonisés de se réapproprier leur histoire en la fixant sur pellicule. Comment, à cet égard, n'être pas saisi par l'exemple de la Guinée ? Depuis 1960, son cinéma était resté mort-né, enfermé dans un laboratoire grotesque fourni par les Russes. En 1991, Cheik Doukouré a tourné *Blanc d'ébène*. L'État guinéen, aux prises avec d'énormes difficultés économiques, a tout de même débloqué un million de francs cash. Pour revenir sur le devant de la scène, pour qu'à travers ce film — imparfait — sur la période coloniale, on se souvienne en France que la Guinée existe.

Cette volonté d'exister à l'écran a poussé le cinéaste de Guinée-Bissau « Flora Gomes » à réaliser *Matu Nega*. Dans ce petit pays ravagé par la guerre coloniale contre les Portugais, il a réussi à mobiliser les moyens nécessaires pour tourner des scènes de combat, attirer des dizaines de figurants (dont les militaires dans leur propre rôle).

En Afrique, les billetteries n'existent pas (ou très peu, et elles sont « sauvages »), ce qui empêche les recettes de remonter vers les producteurs et les réalisateurs. La distribution de films relève d'un quasi-monopole qui impose à outrance séries médiocres et « karatés » venus d'Occident ou d'Asie. Mais les bobines noires commencent à s'activer. Des histoires se construisent, des cinéastes se prennent à rêver, des télévisions du monde entier se penchent sur les films encore trop rares (une dizaine par an) tournés en Afrique par des Africains.

« Nous mûrissons tous et la qualité s'améliore », conclut, confiant, Michel Brunet.

Avec la fondation qu'elle lance, « Écrans du Sud[1] », Catherine Tasca, secrétaire d'État à la Francophonie, va donner un nouvel élan au cinéma africain. Le budget annuel prévu est de vingt millions de francs.

1. Au comité de parrainage : Tahar Ben Jelloun, Hervé Bourges, Jean-Claude Carrière, Souleymane Cissé, Claire Denis, Gérard Ganser, François Giquel, Souleymane Koly, Jean Lacouture, Amin Maalouf, Frédéric Mitterrand, Serge Moati, Idrissa Ouedraogo, Erik Orsenna, André Rousselet, Robert Stéphane.

Poubelle ?

« Les pays sous-peuplés d'Afrique sont largement sous-pollués ; la qualité de l'air y est probablement d'un niveau inutilement élevé par rapport à Los Angeles ou Mexico. » C'est ce qu'écrit, dans une note interne de décembre 1991, Lawrence Summers, économiste de la Banque Mondiale, responsable du rapport sur le développement mondial consacré cette année-là à l'économie de l'environnement. Excessivement provocateur, il se demande par exemple si « la Banque Mondiale ne devrait pas encourager une migration plus importante des industries polluantes vers les pays les moins avancés », et constate que la logique économique veut que les déchets toxiques soient déversés là où les salaires sont les plus faibles...

Le raisonnement, cynique, ne manque pas de force sur le plan économique. Les coûts de la pollution s'accroissent d'autant plus vite que les substances toxiques sont produites en plus grande quantité. On a donc tout intérêt à exporter les industries polluantes dans les environnements encore préservés. Par ailleurs, plus le niveau de vie est élevé, plus on attache d'importance à un environnement propre et sain ; les pauvres, eux, ne peuvent s'offrir le luxe d'avoir des états d'âme en matière d'esthétique ou de santé. Comme le dit Summers, « on se préoccupera évidemment beaucoup plus d'un facteur qui augmente de manière infinitésimale les risques de cancer de la prostate dans un pays où les gens vivent assez longtemps pour avoir cette maladie, que dans un autre où deux cents enfants sur mille meurent avant l'âge de cinq ans ».

Le *Financial Times*, qui n'est pas réputé pour son militantisme écologique, dénonce sous la plume de Michael Prowse cette attitude qui, d'après lui, ne peut que conduire à la ruine. Le prisme déformant de l'économie de marché ne peut faire dépendre du faible coût de la vie humaine l'emplacement d'une usine polluante ou d'un dépôt de déchets !

Cette réaction est d'autant plus salutaire que la demande d'exportation de déchets est de plus en plus forte. On estime à 10 millions de tonnes l'exportation de déchets toxiques au cours des cinq dernières années.

Les principes de l'économie de marché conduiraient ainsi à inonder l'Afrique de produits polluants. Or, principale victime au début des années quatre-vingts, l'Afrique est aujourd'hui relativement épargnée. Premiers dépotoirs du Nord et lieux d'épouvantables débordements, la plupart des pays africains, Nigeria en tête, ont été conduits à adopter une législation très stricte.

Il faut dire que les effets des substances toxiques sur les terrains sablonneux — très abondants en Afrique — sont particulièrement dévastateurs. De plus, des sociétés de courtage véreuses, obtenant l'autorisation d'importation de déchets toxiques sous la promesse de construction d'usines de recyclage jamais réalisées, avaient elles aussi trouvé un terrain favorable à leur scandaleux trafic.

Il semble bien que les diverses mesures prises par l'OUA — la principale est la convention de Bamako du 29 janvier 1991 sur l'interdiction d'importer en Afrique des déchets dangereux — aient porté leurs fruits. Aujourd'hui, même l'association Greenpeace a du mal à repérer des abus. A quelques exceptions près (l'Afrique du Sud en particulier), le continent africain semble désormais largement fermé au marché des déchets toxiques.

Les destinations alternatives ne manquent d'ailleurs pas : Amérique centrale et latine, Asie, Europe de l'Est, dont les pays baltes...

Comme le souligne avec un large sourire un dignitaire de l'OUA, fier à juste titre de la rigueur de la convention de Bamako : « Voilà sans doute un cas unique où nous sommes les premiers à entrer sur un marché et les premiers à en sortir. Et contents, de surcroît ! »

Un cas d'école : les cahiers d'écoliers

En 1989, le programme de privatisation lancé par les autorités de Brazzaville a permis à la Confédération syndicale et au personnel de la Société industrielle d'articles en papier (soixante-dix personnes) de racheter leur entreprise jusque-là publique.

Spécialisée dans la fabrication de cahiers pour écoliers, cette entreprise a élargi son capital à un industriel congolais qui a pris les manettes de commandement.

Deux ans après, l'entreprise tourne au maximum de ses capacités ; la qualité supérieure de ses produits, faits à partir de papiers importés de Norvège, lui a valu d'accroître sa part du marché national, malgré la sévérité de la concurrence. La rigueur de la gestion a réduit sensiblement les coûts de production et amélioré de façon spectaculaire la productivité en ramenant à quinze personnes l'effectif permanent.

Enfin, les nouvelles fonctions du président — devenu ministre de l'Industrie, du Tourisme et de l'Artisanat — garantissent l'entreprise, au moins momentanément, contre les risques d'importation de produits concurrents dont les prix pourraient être inférieurs, ou de création d'une autre entreprise de même nature sur un marché déjà saturé...

Surprise et déception, sans doute, chez les cinquante-cinq membres du personnel qui, après avoir participé au rachat de leur entreprise, ont été écartés pour raison de modernisation. Exemple de réalisme économique et de réussite, modeste mais bien réelle, d'une privatisation au Congo. Illustration, aussi, du dilemme que connaît le monde ex-communiste : productivité ou emploi ?

Codes

La première DDIA[1], suivie comme il se doit dix ans plus tard d'une deuxième DDIA, elle-même devant donner naissance selon toute vraisemblance à une troisième DDIA, n'a pas abouti aux résultats escomptés.

Comme on peut le lire ici ou là, en dépit d'objectifs sectoriels clairement définis (métallurgie, mécanique, chimie, construction, etc.), de projets « clés » établis pour des montants totaux pharamineux[2] (on parle de 145 milliards de dollars), l'enlisement s'est rapidement produit, accentué par l'absence de coopération régionale entre pays africains et par le fardeau croissant de la dette.

1. Décennie pour le Développement industriel de l'Afrique (née du Plan d'action de Lagos pour le Développement économique de l'Afrique, adopté par les États membres de l'Organisation de l'Unité africaine le 29 avril 1980).
2. Pharamine : petit coléoptère de l'Ouest africain.

Pourtant, les objectifs à atteindre et les moyens d'y parvenir avaient été précisés à tous les niveaux : national, sous-régional, régional, continental, intercontinental[1] !

L'OUA[2] a donc lancé un APPER[3] à mi-parcours de cette DDIA, APPER rapidement conforté par un PANUREDA[4], l'un et l'autre malheureusement entravés par les nombreux PAS[5] de la Banque Mondiale. Le PNUD[6], la CEA[7], l'ONUDI[8] et les autres se sont cependant révélés impuissants à redresser la situation ou à faire obstacle à sa dégradation.

Un point positif est à signaler : l'APD[9] se maintient en dépit des craintes nées de la disparition du monde communiste, et même augmente suffi-

1. On lira avec intérêt le compte rendu qu'a fait de la dixième conférence des ministres africains de l'Industrie M. J.-R. de Benoist dans *Marchés tropicaux* du 23 août 1991. Au premier degré, ce compte rendu est consternant ; au second degré, il est d'une ironique cruauté.

2. Organisation de l'Unité africaine (regroupe l'ensemble des pays africains hors Afrique du Sud).

3. Programme prioritaire de redressement économique de l'Afrique.

4. Programme des Nations unies pour le redressement économique et le développement de l'Afrique.

5. Programme d'ajustement structurel.

6. Programme des Nations unies pour le Développement.

7. Commission économique des Nations unies pour l'Afrique.

8. Organisation des Nations unies pour le développement industriel.

9. Aide publique au développement.

samment pour compenser la baisse des IDE[1]. Ce point est confirmé par le rapport 1991 du CAD[2] de l'OCDE[3], paru au mois de décembre 1991, et par l'examen du PSA[4]...

A ranger également dans les évolutions favorables, les ONG[5] se professionnalisent et deviennent un vecteur de mieux en mieux adapté et de plus en plus efficace du développement. Enfin, dans trois pays pionniers : Lesotho, Madagascar, Maurice, la Banque Mondiale a déjà mis en œuvre les PAEN[6].

Vivent les initiales ! Bravo les sigles !

Qui écrira le premier *rap* du tiers-mondisme ?

---

1. Investissement direct à l'étranger.
2. Comité d'aide au développement.
3. Organisation de coopération et de développement économique.
4. Programme spécial d'assistance en faveur des pays à faible revenu surendettés d'Afrique subsaharienne (premier examen en 1991 portant sur la période 1988-1990).
5. Organisation non gouvernementale.
6. Plans d'action environnementaux nationaux.

Zone Franc

Dans son parcours européen, du fait des commissions perçues par les cambistes, n'importe quelle monnaie communautaire, en franchissant douze frontières, s'épuise au point d'avoir perdu, une fois de retour chez elle, plus de 60 % de sa valeur.

Absurdes prélèvements, inconnus des quatorze pays africains membres de la Zone Franc qui ont le privilège de disposer du franc-Communauté française d'Afrique (franc CFA), monnaie librement convertible dont la parité avec notre franc n'a pas varié depuis plus de quarante ans (1948).

Ainsi, n'importe quel franc CFA peut parcourir l'Afrique, de Moroni à Dakar, puis gagner Paris sans rien laisser paraître d'un si long voyage.

Dans ce domaine, l'Afrique a une sérieuse avance sur l'Europe communautaire qui n'envisage une telle situation qu'à l'approche de l'an 2000. C'est d'ailleurs une performance admirable, pour la Zone Franc, d'avoir résisté depuis si longtemps à tant d'assauts.

Cette splendide unité monétaire a-t-elle permis l'intégration économique régionale, intégration si nécessaire quand on connaît l'étroitesse des espaces nationaux (la totalité de l'Afrique noire subsaharienne, hors Afrique du Sud, représente un marché solvable équivalent à celui de la Belgique) ?

La réponse est : non.

Innombrables sont les obstacles aux échanges. Voraces et arbitraires sont les douanes. Infinies les taxes. Sans la contrebande, sans le développement du « grand commerce africain » (son autre appellation), l'économie, déjà bien maigrelette et fragile, mourrait étranglée.

Manifestation de la capacité d'adaptation, de la souplesse de réaction et de la diversité des réseaux interethniques, ce « grand commerce » constitue la réponse des Africains à d'insupportables contraintes. Son dynamisme et son efficacité témoignent de l'aisance des populations à inventer un authentique monde libéral.

Amorce d'une intégration économique réelle, le « grand commerce africain » réalise progressivement, dans l'ombre, le rêve échafaudé dans le cadre de projets tonitruants mais sans lendemain.

L'incitation à la contrebande en tout genre est manifeste. Marchandises diverses, produits manufacturés, alcool, pétrole et autres matières premières circulent frauduleusement du Nigeria au Bénin ou au Niger, par exemple, pour y être achetés en francs CFA librement transférables. Là encore, dans le plus pur style capitaliste sauvage, le commerce interlope est florissant.

Alors, quel bilan présenter de cette fameuse Zone Franc, orgueil de notre ministère des Finances et pivot de notre politique africaine ?

Les éléments positifs ne sont pas minces : fidélité sans faille de la France, mais aussi fidélisation à la France et, plus généralement, maintien par un puissant symbole, de l'influence, de la cohésion et de la confiance, car « le billet c'est le Blanc dans les mains, c'est du pouvoir blanc qui circule » ; stabilité monétaire (ce qui est bien le seul élément de stabilité dans nombre de ces pays !) ; compte spécial du Trésor et donc importants transferts pour financer les déficits, etc.

Mais le développement doit d'abord être le fait des agents économiques africains et la France, quelle que soit sa bonne volonté, ne peut, à elle seule, assurer la charge financière de ces pays[1].

Or, pour ces derniers, la Zone représente des contraintes insupportables : rattachement de ces

---

1. Composition de la Zone Franc : Benin, Burkina Faso, Cameroun, Comores, Congo, Côte d'Ivoire, Gabon, Guinée équatoriale, Mali, Niger, République centrafricaine, Sénégal, Tchad et Togo.

La Zone Franc est composée de deux groupes de pays : ceux d'Afrique centrale et les Comores, d'une part ; ceux d'Afrique de l'Ouest, d'autre part.

Le franc CFA est géré par deux instituts d'émission : la BEAC (Banque des États de l'Afrique centrale) et la BCEAO (Banque centrale des États de l'Afrique de l'Ouest).

économies affaiblies à une puissance industrielle, assèchement des liquidités, pénalités aux exportations et primes à l'importation, élévation des prix, notamment ceux de la main-d'œuvre, incroyable incitation à la fraude et à l'évasion de capitaux (ces francs CFA n'acquittent même pas de droits pour excédent de bagages !), etc.

Un début de réalisme consisterait à dévaluer le franc CFA. Et l'on pourrait continuer en mettant un minimum d'ordre dans les Douanes africaines...

Sida

La peste est revenue.

Et l'Afrique en souffre, plus durement que toutes les autres parties du monde. On estime à ce jour que sur dix millions environ d'hommes et de femmes infectés dans le monde par le virus au début 1991, six se trouveraient en Afrique subsaharienne. Plus précisément, d'un quart à un tiers de tous les adultes entre quinze et quarante-neuf ans vivant dans les grands centres urbains d'Afrique orientale et centrale seraient infectés.

L'impact économique et social est déjà incalculable : élites intellectuelles ou productives décimées, ruine pour des systèmes de santé déjà précaires (dans certains pays, 40 % des lits sont occupés par les malades du sida), diminution conséquente de la croissance démographique (difficile à prévoir, on peut estimer cette réduction à 30 %, mais il faut tenir compte de l'évolution des comportements).

Contre ce fléau, bien loin de s'abandonner au désespoir, les Africains luttent de toutes leurs forces et révèlent, en cette circonstance terrible, leur génie propre : l'humour, l'inventivité, la solidarité.

En matière de prévention, personne ne fait plus ni mieux : à chaque pays son action, correspondant aux habitudes, aux religions et aux cultures locales.

Au Sénégal, par exemple, une organisation non gouvernementale africaine, l'ENDA, du magnifique Jacques Bugnicourt, a monté de véritables spectacles qui « tournent » en brousse et dans les banlieues surpeuplées de Dakar. Films, pièces de théâtre, chansons : toutes les vedettes participent aux shows d'information qui rassemblent des auditoires de deux à trois mille jeunes.

Au Niger, des marionnettes traditionnelles haoussa ont été dotées d'un sexe hors du commun pour expliquer plus commodément l'usage du préservatif...

Ailleurs, dans les établissements scolaires, les élèves les plus âgés assument la mise en garde des plus jeunes et des non scolarisés.

Il faudra un jour rassembler toutes les manifestations, écrites ou plastiques, sonores ou visuelles, de ce vaste plaidoyer continental pour le port de la capote. On y lira une belle épopée, tragicomique, de cette fin de siècle.

Le Rwanda, pour sa part, pourrait bien recevoir la palme de la plus grande humanité. Alors que dans le monde entier, à commencer par chez nous, on préfère couper le contact avec les pestiférés et leurs familles, à Kigali, sous l'impulsion du père

Descombes, les orphelins du sida, *y compris les enfants séropositifs*, trouvent immédiatement une famille d'accueil.

Parallèlement, toutes les capacités de la recherche sont depuis longtemps mobilisées.

Ainsi, le Centre international de recherches médicales de Franceville, financé à 70 % par l'État gabonais et à 30 % par Elf, a depuis longtemps acquis une réputation mondiale. Correspondant de l'OMS, il emploie cent soixante personnes, d'une dizaine de nationalités.

De même, le Centre Muraz de Bobo-Dioulasso (Burkina Faso) combine la recherche, la formation de haut niveau et l'action anti-endémique[1]...

1. Informations fournies par le Dr Christian Marchal qui, au ministère français de la Coopération, coordonne les actions de la France contre le fléau.

Solutés

Cette entreprise de droit camerounais, créée en 1972, cultive sur deux cents hectares des plantes médicinales, fabrique mille tonnes par an de produits injectables (solutés) et, sous licence d'un grand groupe pharmaceutique, des produits antipaludéens.

Elle exporte largement dans une dizaine de pays africains, réalise 3,7 milliards de francs CFA de chiffre d'affaires, 150 millions de francs CFA de bénéfices et emploie trois cents personnes, toutes camerounaises, dont deux pharmaciens et treize cadres.

Elle poursuit une recherche active, en liaison étroite avec une université française qui forme des ingénieurs et pharmaciens camerounais et avec laquelle elle travaille sous contrat d'association.

L'extraction des produits actifs de diverses plantes, dont certaines ne se trouvent qu'en Afrique, a lieu sur place. L'entreprise réalise ainsi localement, sur cette activité, 50 % de sa valeur ajoutée.

Se concentrant sur des produits à haute marge

et pratiquant une politique active de réinvestissement, cette entreprise s'est régulièrement développée et diversifiée dans un environnement relativement mouvant.

Aux yeux des dirigeants, le succès tient à la nature de l'activité et à une politique de fort investissement. Il vient aussi de la maîtrise locale qu'ils ont su assurer depuis la création de l'entreprise, laquelle est de droit camerounais, mais à capitaux exclusivement français.

Un cas particulièrement intéressant. S'opposant à la tendance dominante, les dirigeants ont toujours refusé un partenariat local, tout en assurant la « camerounisation » de l'ensemble du personnel. Cette position a permis de conduire une stricte politique d'entreprise, à l'abri des diverses pressions, notamment de la part d'un actionnariat local souvent politique et donc fragile, pour ne pas dire arbitraire.

Marbres du Soudan

Le Soudan dispose de marbres d'excellente qualité.

L'association d'un docteur en géologie soudanais, de l'université de Bruxelles et de la société belge Carrières de Sprimont va permettre sa mise en valeur.

L'importance du gisement, sa qualité, sa proximité d'un important axe routier convainquent les partenaires d'aller de l'avant. L'unité d'exploitation, située dans la région des Red Sea Hills, encore modeste après un an d'activité, est de 1 200 tonnes par an. Elle emploie une trentaine de personnes.

Les blocs de marbre sont expédiés au partenaire belge qui en assure la transformation et la commercialisation.

Un programme d'extension de l'entreprise est en cours, qui permettra une transformation locale des blocs et une production de carreaux de marbre susceptibles d'être directement commercialisés.

La qualité de ce marbre rose, baptisé « Rose Karah », d'une couleur exceptionnelle, compense les surcoûts liés au transport.

Grands témoins 2

Aimé Césaire, nègre rebelle[1]

Ami et contemporain de l'ancien président sénégalais Léopold Sédar Senghor, le Martiniquais Aimé Césaire est, lui aussi, partagé entre la poésie et l'action politique. *Les Armes miraculeuses, Cadastres, Ferrements,* marquent les premières étapes de la carrière du poète, auteur de plusieurs pièces de théâtre (*Et les chiens se taisaient, La Tragédie du roi Christophe, Une saison au Congo*) et d'un essai politique *(Toussaint Louverture).* Maire de Fort de France depuis plus de trente-cinq ans, il siège au Palais-Bourbon où, d'abord non-inscrit, puis apparenté au parti socialiste, il représente l'île de la Martinique. Il a rompu avec éclat avec le parti communiste dans sa « Lettre à Maurice Thorez ».

« Pouvez-vous brièvement nous retracer l'itiné-

1. Interview par Philippe Decraene, *Le Monde*, 7 décembre 1981.

raire culturel que vous avez suivi pendant plus d'un demi-siècle ?

— *En ce qui me concerne, je suis parti de la culture dominante à mon époque : la culture européenne. A la faveur de mes contacts avec la France, j'ai élargi cette culture. Phénomène de génération, j'ai, comme tout le monde, lu Gide, Proust et Breton... Mais j'y ai ajouté, disons Frobenius, pour aller vite*[1].

— Comme Senghor ?

— *Comme Senghor. Ce qui nous est commun, c'est le refus obstiné de nous aliéner, de perdre nos attaches avec nos pays, nos peuples, nos langues. D'ailleurs, moi, ce qui m'a en grande partie préservé culturellement, c'est la fréquentation assidue des Africains. Ce contact a servi de contrepoids à l'influence de la culture européenne. Senghor, avec lequel, avant la guerre, j'ai vécu pratiquement dix ans au quartier Latin*[2], *a exercé une action considérable dans mon univers personnel. Comme lui, j'ai tout entrepris pour assimiler et ne pas être assimilé. L'un et l'autre, nous sommes francophones, acquis à la culture française, mais les* Armes miraculeuses, *nous voulons les placer au service de nos peuples.*

---

1. Ethnologue allemand auteur de travaux sur l'Afrique.
2. Les deux hommes ont suivi ensemble les cours de la khâgne de Louis-le-Grand, où ils ont fait connaissance.

— C'est bien complexe ?

— *Non. Je me rattache en un certain sens à la culture européenne, que je ne renie pas. En même temps, ma volonté d'enracinement reste farouche. Hegel a écrit que l'universel n'est pas la négation du particulier, car on va à l'universel par l'approfondissement du particulier... Ma référence a été le surréalisme, parce que l'écriture automatique permet d'aller de la surface des choses jusqu'au fond. Pour moi, le surréalisme a été la voie royale de la négritude, car il mène à la fois à la liberté et à l'homme nègre. Je parle du surréalisme-méthode, et non du surréalisme-système. Ainsi, et c'est là le paradoxe, en empruntant une technique européenne, je suis devenu Africain, j'ai obtenu le jaillissement espéré du moi nègre...*

— Pour un jeune Noir, un tel itinéraire est-il aujourd'hui encore concevable ?

— *Pour l'Afrique, je l'ignore. Mais, pour les Antilles, en l'état actuel des choses, je n'en vois aucun autre possible. Certes, il y a un réveil de l'identité antillaise et les défenseurs de la langue créole militent énergiquement en faveur de sa réhabilitation. Mais soyons réalistes. Les Antillais ne peuvent ni ignorer l'histoire ni la falsifier. La composante amérindienne, et même indienne, le soubassement nègre et trois siècles de vie commune avec la France, tout cela constitue un tout indissociable. Comment se défaire de cela, je veux dire de l'un ou l'autre de ces éléments, sans appauvrir la réalité, sans la stériliser ? La richesse et l'originalité des Antilles sont le fruit de cette synthèse.*

— Pouvez-vous expliciter votre point de vue à l'égard de la langue créole ?

— *Ce n'est ni un patois ni un dialecte. J'ai été un des premiers aux Antilles françaises à la qualifier de langue. Une langue à la fois néo-française et néo-africaine. Néo-française, si on tient compte de l'essentiel du vocabulaire ; néo-africaine aussi et surtout, si on considère à la fois la phonétique, la conjugaison et la syntaxe. Peau éventuellement blanche, mais âme certainement noire. C'est dire que si l'on veut assumer toute la réalité, le Martiniquais a vocation pour le bilinguisme.*

— Vous êtes plutôt poète ou homme d'action ?

— *Je ne cesse d'écrire des poèmes, sans toujours les publier. La poésie est ma raison d'être, mon exutoire, ma bouée de sauvetage. C'est par la poésie que s'exprime mon moi profond, que s'affirme mon être... Pour le reste, je me prête à la gesticulation sociale... Un de mes recueils s'appelle :* Moi, laminaire. *Vous savez, l'algue attachée à son rocher...*

— Vous parlez de vos activités politiques ?

— *Je ne me considère pas fondamentalement comme un homme politique. Plus que de vocation, je suis un politique d'occasion, je dis cela à la fois avec orgueil et avec modestie. J'ai, certes, des idées et des convictions politiques profondes, mais je me prête mal à l'État-spectacle ou à la théâtrocratie, je ne suis pas spécialement ambitieux sur le plan matériel et aucune volonté de puissance ne m'anime réellement. Je suis venu à la politique par un acte de raison plus que par une démarche profonde : la vraie vie n'est pas là...*

— Qu'est-ce à dire ?

— *Je suis un poète engagé et, disons-le (un peu avec le sourire) un* ethnarque... *J'ai voulu, moi dont l'arrière-grand-père était encore esclave, essayer de conduire un petit peuple que l'immense vague de l'esclavage avait vomi en terre américaine...*

— Poète ou chef d'État ? Poète et chef d'État ?

— *Je le répète : fondamentalement poète, mais poète engagé. Je ne peux donc pas dissocier la poésie de l'action. Je n'aurais pas pu vivre uniquement dans le contingent, car mon action politique s'inscrit dans un contexte beaucoup plus vaste. Tout ce qui est culturel reste essentiel à mes yeux. D'ailleurs, la politique ne mériterait pas une parcelle d'énergie si elle n'était justifiée par un projet culturel...*

— Et vos rapports avec la poésie de Breton ?

— *Pour ma part, j'ai refusé d'être surréaliste*

français, mais j'ai emprunté à André Breton une technique littéraire se confondant avec la recherche de la liberté. Il m'a appris la sincérité, l'amour de la vérité, l'authenticité, un mot qui a beaucoup été dévoyé depuis lors...

— Mais ce dualisme que vous évoquiez...

— *Ce dualisme, cette ambiguïté si vous voulez, c'est le fond même de l'âme antillaise. C'est une ambiguïté qu'il faut assumer...*

— Quels devraient être les grands axes d'une véritable politique antillaise ?

— *Il faut travailler à la prise en compte de l'identité antillaise, à la reconnaissance de nations antillaises. Car, contrairement aux communistes, je ne pense pas que les Antilles constituent de simples « nations en formation ». Je suis convaincu qu'il s'agit de nations véritables. La communauté martiniquaise n'est, en tout cas, réductible à aucune autre. Nous ne sommes ni des Français de l'Hexagone, même si nous sommes francophiles, ni des Africains...*

Thierry de Beaucé

« Oublier l'Afrique, ce serait nous mentir à nous-mêmes, tronquer l'Europe, la réduire à la tentation des steppes, aux mensonges de l'universalisme, aux conforts d'une richesse aléatoire, nous priver d'horizon. L'Afrique ne cesse d'inventer. Elle détourne les idées, les recompose. Elle refait des images, des figures, déplace des lignes, transforme des géométries. Elle a ses aplats d'ombres en jungle, de clartés immenses sur les déserts. Elle expose ses pensées multiples d'envoûtements et d'héritages, de solidarités complexes où les familles s'enchevêtrent en générosités incompréhensibles pour nous. Elle joue avec les langages, travestit nos mots, légèrement déportés vers un sens qu'allègent des musiques et des magies. Avec ces écrivains neufs, la langue française trouvera ses profondeurs, mesurera des distances plus vastes. Elle découvrira la passion d'exprimer autre chose que des logiques qui s'enferment et des paysages familiers. Ces subversions magnifiques nous imposent des modesties. Le monde n'est pas une répé-

tition. Ni l'Europe. Ni notre francophonie. Ni ce que nous pouvons déceler de ressemblances. L'Afrique est notre liberté, parce qu'elle est notre espace, de l'autre côté d'un miroir où nous nous serions lassés d'avoir à nous reconnaître.

« Curieusement, l'Afrique a inventé sa forme de démocratie. A pas lents, lucide, organisée sans nos dogmatismes. L'histoire universelle a connu tant d'exemples de légitimités usées qu'abattaient la violence et le progrès amorcé par ses fracas. Révolutions. Coups d'état. Il fallait trancher avant de remettre à neuf, compter les morts, les exilés, les exclus. L'Afrique moderne nous donne une autre leçon. Avec le recul, on en mesurera la sophistication. Le parti unique est mis en cause. Peu à peu d'autres expressions se forment. Une conférence nationale, un forum, des tables rondes vont préparer un débat. Leurs pouvoirs pourront varier, mais un dialogue se noue. On confronte les points de vue. On s'oppose. Le désordre et l'excès y ont leur part de fureur ou de démagogie. Une sorte de loi s'instaure.

« La transition s'organise, en mesurant autrement les influences. Vaille que vaille, il faut se rapprocher, ne pas rejeter les élites antérieures mais suggérer aussi ce qui va venir, préparer prudemment l'expression des suffrages, sans contraintes et sans manipulation. Ainsi deux légitimités vont-elles coexister, trouver entre elles leur point d'équilibre. Ceci implique des tensions, le sursaut de l'armée, d'une ethnie, la révolte des

autres, mais, tant bien que mal, la règle nouvelle se maintient. Les ambitions jouent, composent, à mi-chemin du droit et de la force qu'on contrôle. La démocratie avance. Elle découvre à la fois l'objectif qu'elle poursuit, celui d'inspirer un pouvoir plus souple, et la nécessité d'assumer les secousses, les contradictions plus ou moins violentes d'une expérience qui se libère. Autant que faire se peut, on va éviter les morts, les affrontements qui n'auraient que la force pour loi. Chacun se doit de composer et d'admettre.

« Cette lecture optimiste des événements qui secouent le continent ne relève ni de l'utopie ni des révérences diplomatiques. Elle inscrit les évolutions d'aujourd'hui dans une perspective plus longue. Elle rend simplement l'Afrique au monde, sans l'enfermer dans je ne sais quels particularismes déchus. Comme si, pour l'Afrique, la recherche de la liberté ne devait relever que des illusions cosmopolites et des facilités intellectuelles. Ce serait simplement mentir à l'homme. »

Vitalité 3

Poto-Poto

C'est une école de peinture, la plus célèbre d'Afrique. Un atelier-hangar ouvert à Brazzaville, au bord du fleuve Congo au début des années cinquante, par le peintre français Pierre Lods. On y reconnaît l'expressionnisme — le fauvisme —, avec ses aplats juxtaposés, l'apesanteur, de violents contrastes de couleurs. On sent surtout la maîtrise d'une technique au service d'une inspiration originale. « Une école de la liberté de créer, de la joie de traduire une vie quotidienne réinventée », note le conseiller culturel Jean-Luc Rondreux.

A l'origine de cette éclosion : l'enthousiasme de Pierre Lods, illustré par ce témoignage :

> « Je n'oublierai jamais la joie d'Ossali, mon domestique, lorsque je le découvris, après deux jours d'absence, en train de peindre des oiseaux bleus sur une vieille carte de balisage de l'Oubangui. Ils étaient inquiétants et cocasses, ces oiseaux, avec leur forme de

couteau de jet ; ils avaient une présence égale à celle des plus beaux masques africains.

« Je n'avais rien vu de semblable dans tous les arts d'Afrique, mais ils étaient incontestablement nègres par leur efficacité dans le choc, la grandeur et la magie qui s'en dégageaient.

« Le même Ossali, le lendemain, posa une montagne vermillon sur un fond noir à l'huile. En haut, cinq traits rouges figurèrent une palme, comme une main ouverte, la même chose répétée deux fois en bas. Le pinceau entraîna du noir qui se mélangea au rouge. A ma remarque et à mes conseils pour éviter ce que je croyais être une maladresse, Ossali répliqua : "Mais c'est plus beau comme ça !" Et il avait raison. Nous eûmes la plus mystérieuse montagne d'Afrique, gorgée de vie et de mort, hallucinée et attirante...

« Ce fut ma première leçon de silence et de respect, et, depuis, un des principes de ma méthode. »

Plus tard, Senghor attira Lods au Sénégal. Mais Poto-Poto a survécu. Elle nous en donne à voir de toutes les couleurs sur la palette changeante du grand fleuve.

Ils écrivent...

Ils écrivent. Surtout la nuit, pour le calme. Mais aussi le jour, au milieu des leurs. Il faut participer aux palabres, donner l'argent pour réparer le filet de volley-ball ou pour soigner le genou de la voisine. Écouter les plaintes, le crayon levé, ou l'encre qui sèche au bout de la plume. Impossible face-à-face avec la feuille blanche. L'attention toujours tirée à hue et à dia par le parent, les petits, la famille. Écrire pourtant, malgré le bruit, les cris, la douce et encombrante promiscuité des êtres chers. Écrire avec tout cela. Littérature de la multitude. Ils sont là qui attendent l'écrivain, il saura rédiger une lettre, remplir un formulaire.

Écrire au milieu de l'illettrisme.

Casser les cloisons de la création littéraire. Mêler poèmes et chants au roman. Faire d'une nouvelle une pièce de théâtre. Écrire pour parler. L'Afrique : un demi-siècle seulement de livres imprimés noir sur blanc. Noces d'or avec la littérature, et aussitôt des pépites. Les « torches noires » aperçues par Sartre.

Hamadou Hampâté Bâ : « Quand un vieil homme meurt, c'est une bibliothèque qui brûle. »

Parlons-en, des bibliothèques ! Sur ce continent aux humeurs tropicales, le papier ne fait pas long feu. Les prédateurs ne manquent pas, mangeurs de mots. Mais, pour que les mots ne meurent, on se souvient.

Ce n'est pas tout de posséder un livre. Encore faut-il pouvoir le lire, sous le regard un peu désapprobateur des autres. Plaisir individuel, soustraction solitaire à l'entrain collectif. Mais le pli est pris. L'écriture entre dans les mœurs, dans les cœurs. Enjeu énorme, découverte fondamentale : l'Afrique montre qu'elle peut briller dans un art noble de l'Occident.

Journaliste, passionné de littérature et d'Afrique, Bernard Magnier voit dans cette percée manuscrite un moyen de reconnaissance universel : « Pour une fois, ce continent sort de l'image stéréotypée des masques et du tam-tam. » Qu'y a-t-il en effet de moins anonyme, de plus signé qu'un roman ?

Cette littérature avance comme un train dans la nuit. Destination : le monde entier. En route, elle aura perdu l'adjectif « africaine », elle se sera libérée de la condescendance qui remplit encore le regard des Blancs.

Dans sa bibliothèque sélective et commentée

des littératures d'Afrique noire[1], Bernard Magnier présente ainsi ses auteurs favoris : « Ils ont pour noms Senghor ou Soyinka, Ahmadou Kourouma ou Sony Labou Tansi, Hamadou Hampâté Bâ ou Tchicaya U'Tamsi. Ils écrivent des *lettres d'hivernage*. Ils content des *aventures ambiguës* d'*enfant noir* dans des *villes cruelles*. Ils inventent des histoires de *docker noir* et de *feu de brousse*. Ils disent *la vie et demie* d'un *boucher de Kouta* sous *les soleils des indépendances* et *les écailles du ciel*. Ils parlent même d'un *devoir de violence*. »

Au fil du temps, ces littératures fleurissent, mûrissent, se décantent de la plainte anticoloniale, troquent le *nous* pour le *je*, oublient la revendication collective de l'Afrique et s'attachent aux ressorts intimes de la personne. Le héros africain devient citoyen du monde. Bernard Magnier en est convaincu : les vieilles lettres européennes sont fécondées, enrichies par les anciennes colonies. Que serait la littérature espagnole sans Gabriel Garcia Marquez ? la littérature portugaise sans Jorge Amado ? la littérature anglo-saxonne sans Naipaul ? la littérature française sans...

Entrez, messieurs les Africains. Jusqu'à présent, le monde des lettres vous a tenus pour menu fretin. Pas un hommage digne de ce nom de votre vivant, ni au jour de votre mort qui, le plus souvent, vous faisait tant rire. Pas une grande émission de télévision...

1. CLEF, 1991.

Disparus Tchicaya, Hampâté Bâ, Mariama Bâ — auteur de la poignante *Si longue lettre* —, Camara Maye, Bernard Nanga. Le seul prix Goncourt jamais attribué à un Noir revint en 1921 au fonctionnaire colonial né en Martinique René Maran pour son roman *Batouala*, une description critique de la vie en Oubangui. Élisabeth Lequeret rappelle combien l'affaire fit scandale[1]. Nègre assimilé, nègre quand même. « Je préfère croire que l'Académie Goncourt a voulu manifester sa sollicitude pour nos frères de couleur, en attendant qu'elle la marque pour nos frères inférieurs, ce qui pourrait l'inciter à couronner, l'an prochain, s'il s'en produisait un, un véritable roman singe », écrit un journaliste du *Crapouillot* cité par Élisabeth Lequeret. Un des académiciens Goncourt précisera : « Nous avons voulu honorer une race dévouée à la France. » Ils n'auront plus cette audace. En 1968, le Renaudot reviendra au Malien Yambo Ouologuem pour le *Devoir de violence*, à ce jour « le seul prix littéraire d'importance attribué à un romancier d'Afrique noire francophone », précise Bernard Magnier.

Les auteurs anglophones seraient-ils mieux lotis ? Quelques histoires édifiantes laissent penser le contraire. La parole est à Odile Felgine. Enfance africaine, installation en France, travail à l'Unesco,

1. *Op. cit.*

critiques littéraires à *Jeune Afrique*, puis à *Jeune Afrique Économie*. Tchicaya U'Tamsi lui a dédié un de ses écrits, *Je fis un rêve*, où il dit que « l'on meurt de manger ce qui est mort ».

Le prix Nobel de littérature attribué en 1986 à Wole Soyinka n'a, semble-t-il, pas corrigé la myopie ambiante. Odile Felgine raconte ainsi les déboires d'Amos Tutuola, « le plus grand écrivain du Nigeria », ce petit-fils de chef yoruba qui se mit à écrire la nuit pour tromper son ennui de planton à Lagos, en 1946. Six ans plus tard, l'éditeur britannique Faber and Faber publie son premier roman : *L'ivrogne dans la brousse*. « Cet autodidacte de génie, écrit Odile Felgine, est venu à l'écriture par défi (...). Encensé par la critique anglo-saxonne, il dut affronter au même moment les sarcasmes, le dénigrement et la jalousie de l'intelligentsia nigériane. Les puristes, rendus intransigeants par une sorte de "complexe du colonisé", mirent violemment en cause sa langue abâtardie, son style peu académique et son univers "primitif", considéré comme barbare et dévalorisant. Il continua à écrire "dans un mauvais anglais une bonne littérature" reconnue à l'étranger. »

En décembre 1991, les milieux littéraires britanniques ont été pris de court par une nouvelle insensée : le Booker Prize, véritable Goncourt d'Outre-Manche, est revenu à un écrivain nigérian inconnu, Ben Okri, auteur de *The Famished Road*, la route des affamés. « Les critiques se sont bousculés pour l'interviewer. Beaucoup avaient lu son livre en toute hâte, dans la nuit précédente », rapporte le journaliste Anver Versi dans le *New African* de Londres.

Souhaitons de longues nuits blanches aux critiques littéraires de tout poil, ignorants des romans africains.

Pas dupes III

Les illettrés

• « Parmi les adultes âgés de quinze ans et plus, l'analphabétisme est très répandu en Afrique. Près des deux tiers des pays pour lesquels des données sont disponibles se caractérisent par des taux supérieurs à 50 %. La situation est particulièrement préoccupante en Somalie, au Burundi, au Niger et au Mali, où plus de 80 % des adultes ne savent ni lire ni écrire.

« Les filles restent en général largement défavorisées par rapport aux garçons. L'inégalité des sexes devant l'éducation est particulièrement marquée dans les pays de l'Ouest africain (Bénin, Guinée, Guinée-Bissau), ainsi qu'au Maroc, au Burundi, au Tchad et en Ouganda. »

(Atlas démo-économique de l'Afrique)

• « Aucun pays africain n'a élaboré, à ce jour, une politique linguistique permettant d'intégrer de façon décisive les concepts scientifiques modernes dans les langues africaines. »

(Axel Kabou, *Et si l'Afrique refusait le développement ?* L'Harmattan)

• « Il n'est pas rare que des lecteurs d'Afrique paient un roman en trois mensualités. Il faut prendre cette littérature à crédit pour argent comptant. »

(Michel Pierre, Bernard Magnier, *Le Magazine littéraire,* mai 1983)

Tchicaya

Tchicaya, on ne t'a pas connu, on le regrette bien. Il paraît que tu étais grognon, renfrogné, fidèle en amitié, « voyou du mot juste » ; il paraît que tu « gueulais tes livres » et que tu te disais « congaulois ». Ça nous aurait plu d'entendre pareille explosion de mots à feu vif. Avec ton « pied en chanterelle », mauvais souvenir d'enfance, tu rêvais de « laver la lune, de manger le soleil ivre », tu allais « terrible et noir et fièvre dans le vent », ce vent qui avait « des dents de chien » mais qui transportait tes ambitions de grandeur pour l'Afrique. Tu écrivais : « Un jour il faudra se prendre, marcher haut les vents » — haut ton cœur, Tchicaya ! Et tu prévenais : « Gare aux pieds nus, nous serons sur tous les chemins ! »

Oui, oui, vous voilà, les Africains. Pas ceux de la Coloniale qui reviennent de loin, des faux plis de la mauvaise conscience. Voilà les Africains d'aujourd'hui, si proches de nos émotions. Tu es mort, Tchicaya, en avril 1988 : « Je rentre au pays... » Les tiens t'ont vu arriver par la soute à bagages. Retour à Brazza après une vie d'exil, de solitude, de reconnaissance amoindrie. Car ta pierre tombale était gravée depuis longtemps chez nous : *Littérature africaine.* Toi qui nourrissais d'abondance le fonds universel des lettres, tu n'avais pu échapper à l'esprit d'étiquetage cher à nos hexagonaux. Littérature africaine ! Littérature, simplement, hautainement littérature, que diable ! Sur les quais de Paris, on t'aurait rencontré, vendant ta négritude « cent sous le quatrain ». Sans enthousiasme, mais sans désespoir. « Comme j'étais déçu par la maigreur de la Seine, je rêvais du Congo. » Chemin faisant, tu emportais le mot fraternité, « un os de plus à joindre à mon squelette ».

Tu as voulu croire à la prémonition de Sartre, une audace de 1948, alors que l'Afrique accouchait tout juste par écrit de sa propre réalité, avec des mains d'Africains usées par trente-six métiers, trente-six misères, trente-six bonheurs aussi. Bonheurs d'écriture.

« Les torches noires à leur tour éclairent le monde, annonçait l'auteur de *La Nausée,* et nos têtes blanches ne sont plus que lampions balancés par les vents. »

Sony Labou Tansi t'avait désigné « père de notre rêve ». Ton compte était bon. « Toute libération, écrivait Sony, commence avec les mots. Et l'Afrique étant faite d'hommes à libérer, le premier qui parle tombe dans la gueule de la prophétie. Quoiqu'il s'en disculpe, Tchicaya est prophète. » Tu niais de la tête : « Je suis homme, je suis nègre, pourquoi cela prend-il le sens d'une déception ? » marmonnais-tu dans ta barbiche. La mort battait dans ton cœur. Mais tu croyais un peu à ta survie : « Je mourrai avant mon dernier lecteur... » Ta survie par les mots. Là-haut, du soleil Kongo, un éclat nous parvient. « Le rire, disais-tu, est le seul uniforme que je n'aie jamais porté en haillons dans les orgies. » Veinard ! On ne t'a pas connu. On le regrette bien.

Torches noires

Congo-Brazza à la nuit tombée. Le fleuve est un long serpent assoupi. Peut-être est-il tout entier ce monstre de la préhistoire qu'une légende tenace situe plus au nord, dans la jungle crépue du lac Télé. Une équipe de chercheurs américains est allée voir. Elle n'a rien trouvé, hormis, dit-on, les traces improbables d'un saurien géant. Il faut laisser la forêt et le fleuve aux écrivains traqueurs de mythes. Tchicaya U'Tamsi, « la petite feuille qui parle pour son pays » ; Sony Labou Tansi, l'homme qui écrit toujours et partout, « son débit est à l'égal du fleuve », disait Tchicaya ; Guy Menga, l'auteur de *Case de Gaulle*, ou comment le mythe du général est né au bord du fleuve, en 1941, quand Brazza était capitale de la France libre et que Congolais et Français avaient destin lié ; et Henri Lopès, qui écrit « avec le piment de ses entrailles » ; et Sylvain Bemba, réinventeur de Léopolis, la ville des lions, où périt le mythique Patrice Lumumba ; et encore Emmanuel Dongala, « un fusil dans la main, un poème dans la poche ».

Le Congo, plus forte concentration d'écrivains au mètre carré de brousse. D'authentiques écrivains, pas de ceux dont on a pu naguère, sous prétexte qu'ils étaient Noirs, vanter une littérature médiocre, avec l'odieux sous-entendu : « Pour des nègres, ce n'est pas si mal... »

Magnifiques auteurs du Congo qui trempent leur plume dans la braise des origines, l'ivresse du vin de palme, la légende et la fable, mais aussi la plus crue des réalités. La négritude, ils s'en fichent un peu. Figurer dans les anthologies, conjuguer à merveille l'imparfait du subjonctif est le cadet de leurs soucis. Ils parlent français, ils écrivent en français, point à la ligne. Et, avec ces mots d'emprunt, ils imaginent une Afrique plus vraie que nature. Tchicaya U'Tamsi l'a bien dit : « La grande révolution en Afrique, c'est l'arrivée de l'écriture aux mains de gens qui, traditionnellement, n'avaient que la parole. La parole qui devait se perdre dans la grande forêt vierge, et voilà maintenant que cette parole prend signes, et s'inscrit sur des pages qui deviennent des livres. »

Le Congo pris au mot. Une belle pêche. Du fond du fleuve, des générations d'écrivains ont jailli, sans complexes. Le français, ils le font vibrer avec leur propre sensibilité. Ils s'en servent comme d'un instrument utile, avec l'humour qui sied. Pas de révérence, seulement une référence. « Bien triste est celui qui met en avant la couleur de sa peau pour se faire entendre des autres », lache Tchichellé Tchivella. Pan sur la négritude ! Les auteurs du Congo adhèrent plutôt à la formule du nigérian Soyinka, prix Nobel de littérature en 1986 : « Un tigre ne parle pas de sa tigritude, il bondit sur sa proie... »

Bien sûr, l'acculturation menace cette littérature qui, comme le souligne le professeur Jean-Michel Devesa, « a fabriqué des écrivains davantage lus à Paris que dans leurs pays ». A la Conférence nationale souveraine, préau bruyant de la démocratie congolaise au printemps 1991, Monseigneur Kombo, son président, a dû s'exprimer en lingala et en munukutuba. Et Devesa d'écrire : « Le Congo aura beau se targuer d'être le *quartier Latin* de l'Afrique centrale, avec une pléiade d'écrivains, force est de constater que la lecture et le livre s'y portent mal, et que romanciers et poètes doivent, pour s'adresser à leurs compatriotes, solliciter l'édition française. » C'est un fait, mais les auteurs congolais eux-mêmes ne sont pas dupes : « Le français, expliquait Tchicaya U'Tamsi, c'est mon domaine public. Il me permet de m'observer avec des filtres. Je ne sais pas, hélas, écrire la langue de mon sanctuaire. Si j'avais cette possibilité, peut-être que mon sanctuaire serait beaucoup plus évident. » Et l'Afrique plus transparente, mieux capable de soulever nos œillères.

Congo-Brazza. Jean-Luc Rondreux, conseiller culturel à l'Ambassade de France, a tiré une chaise sur sa terrasse. « Il existe dans ce pays un rapport au français qu'on ne retrouve nulle part ailleurs en Afrique. Savorgnan était un colonisateur romantique. Il n'y a pas eu de brutalités. Ce qu'il apportait était bon, ou jugé tel. Plus tard, imaginez que cette population a eu la même capitale que la France, la France combattante. L'autre, celle de Vichy, était à Dakar. A aucun moment les écrivains n'ont eu de blocage avec le français. Au Sénégal, Senghor voulait s'excuser auprès de ses frères d'être un aussi bon agrégé de grammaire. La négritude, la francophonie, c'était une ennuyeuse affaire de théoriciens.

Senghor a incarné une médiation avec la langue, un détour savant. Au Congo, la relation est immédiate, le contact direct. Dans la littérature de Sony ou Dongala, il y a des mots sortis du génie de la langue française, mais dont on ne trouve nulle trace dans le *Littré* ou le *Robert*. Les Malgaches sont encore passionnés par les Parnassiens. Senghor voulait être un grand poète français, à côté d'Éluard... »

On pense à Sony Labou Tansi pour qui « un jour le ciel et la terre se recoudront ». L'auteur de *La Vie et demie* a inventé un héros admirable, assassiné par le dictateur, mais qui renaît sans cesse. « On ne le tue pas ; l'espoir ne peut pas être tué », croit Sony[1].

---

1. La plupart des citations sont tirées du numéro spécial de la revue *Notre librairie* (mars-mai 1988), consacré à la littérature congolaise, sous la coordination de Bernard Magnier.

Portraits de femmes

Fatou Dialère a trente-cinq ans, six enfants, un mari sérieux et travailleur dont elle est l'unique femme. Elle vit à la campagne, au nord du Togo, dans la région des savanes, et dispose en propre d'un petit champ dont elle a hérité, ainsi que d'un mouton et de quelques volailles.

Elle se lève tous les jours à 4 heures du matin et se couche vers 22 heures.

Entre-temps, elle aura assuré à deux reprises la corvée d'eau (4 h 30-6 h 30 et 17 h-18 h), préparé les différents repas, cherché du bois pour le feu (8-10 h), travaillé au champ familial (10-13 h), pilé le mil (15-16 h), entretenu la maison, fait la lessive et se sera, tout au long de la journée, occupé des enfants.

Souvent, elle se surprend à envier Nden Demba qui partage certaines tâches avec la seconde femme de son mari, en particulier la préparation des repas. Bien sûr, elle trouve cette situation humiliante, sans compter les trois enfants de la coépouse, mais la vie polygame serait tout de même plus facile...

Fatou est analphabète, elle utilise — comme 95 % des femmes de la région — la houe. Et le revenu qu'elle tire chaque mois de ses activités agricoles propres s'élève à 8 000 francs CFA (160 FF). La tradition lui reconnaît le droit d'en disposer à sa guise.

Ses revenus lui permettent d'acheter les ingrédients pour la sauce qui accompagne les plats, de faire face aux dépenses en cas de maladie, d'agrandir de temps à autre son cheptel qui représente le placement de son épargne[1].

***

Monique Ramahay-Mandimby est malgache, fondatrice et président-directeur général de la société Perlin S.A.

Agée de quarante-quatre ans, aînée d'une famille de huit enfants, elle est mariée et a trois enfants (quinze, douze et deux ans). Ses études d'ingénieur électronicien effectuées en France lui ont ouvert les portes de la station de la Nasa à Madagascar jusqu'à sa fermeture en 1972. C'est alors qu'elle se lance dans la production artisanale d'accessoires de décoration pour chambres d'enfants en créant

---

1. Voir M.D. Riss, *Femmes africaines en milieu rural*, L'Harmattan, 1989.

l'entreprise « Perlinpinpin » qui deviendra « Perlindécor » puis « Perlin S.A. ».

En 1986, son entreprise se spécialise dans la fabrication de robes à smocks et brodées. En 1989, la S.A.R.L., transformée en S.A., emploie 500 personnes et crée sa propre ligne de vêtements portant la griffe « Ramage », devenue « Ketaka » en 1992 (« petite fille » en malgache). Elle est distribuée en France par les plus grands noms : Jacadi, Baby-Dior, Bon Point, Catimini, Cyrillus, Tartine et Chocolat, etc.

Étonnant succès d'une entreprise artisanale devenue, à l'image de Tananarive — littéralement « la ville aux mille habitants[1] » —, une entreprise de presque mille employés.

Fabuleux succès d'une femme qui a su faire renaître chez des centaines d'autres le talent qu'elles avaient à fleur de doigts, qui a su marier si habilement sa culture malgache et sa connaissance du goût occidental, son sens artistique et sa formation d'ingénieur.

*
* *

Angela Onyeador est nigériane, originaire du Biafra.

Diplômée de l'University College of London, elle

1. Mille, à Madagascar, est un symbole fort : le chiffre de la grandeur, de l'infini, de la pérennité... Dilemme : redouter le gigantisme mais vouloir durer.

a fondé il y a quinze ans Enta Associates, dont le siège est à Lagos et qui emploie quarante personnes[1]. Entreprise à taille humaine, Enta regroupe de nombreuses activités : galerie d'art (africain), promotion (y compris du personnel politique), import-export, musique, cadeaux d'entreprise (dont une partie est fabriquée aux environs de Lagos), etc.

Les projets ne manquent pas pour cette femme noire et fière de l'être : après l'organisation d'un concours « Miss Africa », elle se lance dans les produits cosmétiques pour peau noire, et fait connaître à l'étranger des artistes nigérians.

Dynamique, apparemment insouciante, « collant » au marché, Angela Onyeador incarne, à travers une certaine conception des affaires à la fois superficielle, opportuniste mais authentique, une forme de réussite de la femme entrepreneure[2].

***

Rose Simidi a soixante ans, elle vit au Kenya dans la région de Vihiga, à quelques kilomètres de Kisumu, au nord du pays. Elle a eu dix enfants, dont cinq sont décédés. L'aîné a aujourd'hui trente ans et travaille au ministère de l'Eau.

Depuis douze ans, elle cultive des haricots verts

---

1. *Cf.* l'article « Artiste et chef d'entreprise », *Jeune Afrique Économie*, n° 150, décembre 1991.

2. Expression canadienne.

sur un terrain de trois acres contigu à sa maison. Sur ce même terrain, elle fait pousser du café et des oignons et, en alternance avec les haricots, du maïs. Deux heures en moyenne de travail par jour lui permettent de produire 100 à 150 kg de haricots verts par récolte, qui lui rapportent environ 300 francs par an. Douze ans après, elle continue à trouver dans ce revenu inespéré une véritable aubaine.

La culture des haricots verts est particulièrement difficile. Elle requiert beaucoup de travail, de soins, de précautions « que seule une femme peut donner ». Rose Simidi fait partie des trente mille femmes auxquelles la Njoro Canning Company fournit des conseils, mais aussi des graines, du fertilisant naturel produit à partir de divers déchets (en particulier ceux de sa propre usine).

Ce revenu supplémentaire permet à ces femmes d'envoyer leurs enfants à l'école en payant le transport, les droits, les cahiers et les livres, d'autant plus que la rentrée d'argent a lieu en même temps que la rentrée scolaire.

La quasi-totalité d'entre elles sont prêtes à doubler leur production si le marché le réclame.

***

Seynabou Kaddi est sénégalaise. Elle habite la région de Ziguinchor, en Casamance, au sud du Sénégal. Elle a vingt-sept ans, est mère de trois enfants qu'elle élève seule.

Elle est « membre de la filière agro-alimentaire artisanale », c'est-à-dire l'une de ces innombrables femmes, piliers du secteur informel en Afrique, qui nourrissent les villes et souvent même les campagnes.

Seynabou Kaddi prépare des acras (beignets pimentés) qu'elle vend sur le bord de la route à proximité du marché central. Elle préfère cela au commerce itinérant qu'elle estime incertain et trop fatigant, ainsi qu'à la vente au marché où elle trouve la concurrence trop forte et la taxe trop élevée.

Parmi le flux continu qui défile devant sa petite table pliante, des habitués. A ces clients particuliers qu'elle souhaite privilégier, elle consent de temps à autre un crédit. Elle essaie de limiter au maximum cette pratique, car elle-même ne peut faire face aux dépenses quotidiennes, et la paysanne à laquelle elle achète ses produits de base exige d'être payée tous les jours. Progressivement, cependant, elle est parvenue à se constituer une trésorerie qui lui permet de conserver ses clients fidèles mais mauvais payeurs. Sa journée de « traiteur » est longue et simple : trois heures pour se procurer les produits, trois heures pour les préparer, trois heures pour les vendre. La phase de vente pourrait être plus longue ; elle se fait d'ailleurs aider par une sœur cadette qui la remplace chaque jour pendant deux à trois heures.

La concurrence est rude, au point qu'il faut de temps à autre offrir quelques acras en prime, ce qui diminue d'autant des bénéfices déjà très limités. Mais la solidarité entre vendeuses voisines est réelle et les mauvais coups sont rares[1]. Il arrive même qu'en cas de nécessité, Seynabou confie sa marchandise à une autre vendeuse.

Ses principaux soucis sont les temps de transport et l'impossibilité d'assurer la conservation des produits.

Aucun répit, car aucun stock. La moindre fluctuation des prix pèse directement sur les résultats.

Loin des « Mamma Benz » du Bénin et du Togo ou des « Bayam Salam » *(buy and sell)* du Cameroun aux statuts et aux revenus autrement supérieurs, Seynabou Kaddi est cependant heureuse : elle est indépendante et parvient à faire vivre sa famille.

***

Irène Dufu est née il y a cinquante ans dans un village de pêcheurs du Ghana. Elle s'est exilée en Grande-Bretagne où elle a obtenu un diplôme d'infirmière spécialisée dans les soins aux enfants prématurés. Après avoir passé treize ans loin de ses racines, elle revient en 1973 pour exercer à l'hôpital militaire d'Accra. Son père est décédé. Mais un groupe de pêcheurs de son village d'origine sollicite ses services. Ils cherchent à obtenir des crédits pour acheter de nouveaux canots.

1. *Cf.* Ph. Hugon, *L'Informel, les femmes et la planification du développement en Afrique*, Unesco, 1989.

Illettrés, incapables de fournir des garanties, ils n'ont pu obtenir de prêt. Irène Dufu intercède en leur faveur, gage sa maison, et ils reçoivent les fonds nécessaires. Voyant là une occasion de renouer avec une existence traditionnelle, l'infirmière a pris ses indemnités de service à l'hôpital militaire pour acheter un bateau de pêche en bois et jeter son dévolu sur le mulet et le mérou. La suite, le consultant Keith Mardsen la raconte :

« Ses affaires ont prospéré. Elle a pu recruter un capitaine très doué pour repérer les mouvements des bancs de poissons, et un équipage assez loyal et persévérant pour passer plusieurs semaines en mer si nécessaire. Elle a profité de l'inefficacité de la société de pêche d'État. Un chalut de haute mer et un thonier d'occasion ont été vendus à bas prix. Elle a alors réussi une percée sur le marché du thon en boîte en devenant fournisseur de la société américaine Starkist, qui exploite des conserveries au Ghana. Ses produits lui sont payés en dollars et, en 1989, ses recettes d'exportation (350 000 dollars) représentaient 25 % de ses ventes. »

Irène Dufu a désormais le vent en poupe : elle emploie soixante-cinq pêcheurs qui naviguent sur trois bateaux, dont un chalutier de haute mer de 350 tonnes et un thonier de 30 tonnes. Elle dispose aussi de douze responsables commerciaux et son chiffre d'affaires annuel atteint 1,2 million de dollars. Les banques lui font crédit pour la réparation de ses bateaux. Elle rêve d'acquérir de nouveaux bâtiments et des installations frigorifiques pour la crevette, le hareng et les anchois qui servent d'appât dans la pêche au thon.

De gros poissons en perspective !

*
* *

Le moteur du prodigieux essor du secteur informel, ce sont les femmes : elles y trouvent le moyen de leur indépendance, la clé de leur libération.

La femme africaine est astreinte à de multiples tâches que lui dicte une répartition rigide et traditionnelle des rôles au sein de la famille. Elle est confinée dans des activités jugées socialement subalternes, au point qu'elle est écartée au profit de l'homme de certaines fonctions — telles que le pilonnage des grains — dès que la mécanisation, en l'occurrence le broyage, les ennoblit. Elle est absente du salariat, dont elle est souvent considérée comme indigne. Elle dépend de l'autorisation de son conjoint pour exercer des activités annexes...

La crise, qui accroît l'exode des hommes, valorise le rôle des femmes à la campagne. Longtemps négligées, elles prennent une place nouvelle. Plus la vie devient difficile, plus se fait légère la chape de plomb de la tradition.

Mieux que l'homme, la femme africaine semble maîtriser le temps, donc l'essentiel. Comme les charges qu'elle continue de porter sur la tête, le contrôle qu'elle exerce peu à peu sur les affaires étonne et force l'admiration.

« Merci la crise ! » pourrait-elle dire en ployant sous les épreuves.

Autoprotection

Lors des émeutes de Kinshasa (septembre 1991), l'Institut national de recherches biologiques a été préservé des pillages grâce au Sida (une importante campagne de sensibilisation est régulièrement menée au Zaïre).

Craignant que les locaux de l'INRB ne subissent le même sort que les maisons « visitées » dont ne subsistaient que les murs — tout ce qui pouvait l'être était emporté (tôles des toits, baignoires, lavabos, toilettes...) ou arraché (tuyaux, fils électriques, prises de courant, ce qui d'ailleurs donna lieu à quelques électrocutions) —, une chercheuse eut l'idée de casser contre les murs des tubes à essais emplis de sang, en laissant courir le bruit que ce sang était contaminé. Et, pour faire bonne mesure, elle fit disposer un peu partout des sacs contenant des serpents qui appartenaient à la ménagerie de l'Institut.

Les Kinois, se méfiant autant de l'un que des autres, épargnèrent donc les bâtiments. Qui en auront été quittes pour une nouvelle couche de peinture[1].

1. Informations données par Mmes Odiles Pellet et Annie Poindron.

Villes

Au Swaziland, en 1950, moins de 1 % de la population vivait dans les villes. La proportion est aujourd'hui de 33 %. Des cités comme Nairobi, Abidjan, Dar es Salaam, Lagos ont vu en trente ans leur population multipliée par six. Au Rwanda, la population urbanisée n'est que de 5 %, mais 95 % de celle-ci vit à Kigali. Au Togo, 82 % des citadins sont concentrés à Lomé.

On peut à loisir évoquer, avec les théoriciens, le « biais urbain », dénoncer l'exode rural causé par des politiques inadaptées qui augmentent sans cesse l'écart entre les revenus des ruraux et ceux des citadins, et qui accroissent la dépendance alimentaire des pays...

Mais, fléau universel, la concentration urbaine est sans doute, à travers les âges, les peuples, les continents, la seule condition *sine qua non* et incontestable du développement économique. L'Europe en a fait l'expérience comme l'Amérique du Nord, l'Inde, le Japon, le Mexique ou le Kenya...

La ville permet et favorise tout : la circulation monétaire, l'échange, l'organisation et la production, la création sous toutes ses formes. Elle est à la fois le marché et le lieu de production. Source de vie et dernier recours, la ville fabrique aussi l'exclusion, l'isolement, la violence, la détresse. Plus d'un quart de la population des grandes villes africaines vit dans un dénuement total.

Cette ambivalence de la ville explique les multiples débats dont elle fait l'objet. La naissance des nations se confond avec celle des villes qui les symbolisent, mais là où la nation reste jeune et fragile, là où la misère règne pour le plus grand nombre, la ville est vécue comme une intolérable erreur, un mal inutile, un lieu de concentration du pouvoir et donc de répression, un obstacle à la vie. Et pourtant, elle continue de faire office de mirage, attirant en flot continu le trop-plein des campagnes.

Ce phénomène n'est pas propre à l'Afrique. Mais, la question se pose ici de façon particulière :

- D'abord, le niveau d'urbanisation de l'Afrique est encore bas, de l'ordre de 30 %, alors qu'il atteint 70 % en Amérique latine. Il est très inégalement réparti, atteignant par exemple 55 % en Afrique australe et 22 % seulement en Afrique orientale. D'après les prévisions, le taux moyen atteindra 55 % en l'an 2010, soit celui de l'Amérique latine quarante-cinq ans auparavant. Faiblement urbanisée, l'Afrique connaît de surcroît une urbanisation diffuse. Une vingtaine de villes seulement atteignent le million d'habitants ; aucune ne figure parmi les vingt-cinq plus grandes du monde, et les villes moyennes ou petites sont nombreuses.

• Mais la croissance des villes africaines est aujourd'hui la plus élevée du monde. Estimée à 6 % par an contre 3,3 % en Asie, 2,7 % en Amérique latine et 1 % en Europe de l'Est[1], elle est deux fois plus élevée que celle de l'Europe du XIXe siècle.

La croissance démographique, dont les taux sont en Afrique, à quelques exceptions près, les plus forts du monde, fait monter de façon intolérable la pression dans les grands centres urbains[2]. L'écart s'aggravant entre la croissance de la population et la productivité agricole, les ruraux sont toujours plus nombreux à marcher vers les villes.

Bien sûr, la fécondité est plus faible à la ville qu'à la campagne. Mais aussi le taux de mortalité. Et le rajeunissement de la population résultant de l'âge des migrants — les migrations représentent

1. *Les Indicateurs sociaux du développement*, Banque Mondiale, Washington, 1991.
2. *Cf. Démographie*, p. 164.

60 % de la croissance des villes — accroît l'excédent des naissances sur les décès.

Ce mouvement est profond et durable (il va se prolonger sur une cinquantaine d'années au minimun, selon les experts).

• Enfin, le développement ne suit pas. L'espoir ne prend pas forme. On a quitté son village pour un miroir aux alouettes. Plus visible, la misère en ville est plus absolue. La ville perd sa fonction économique qui seule la rend supportable.

L'accélération du mouvement d'urbanisation intervient au cœur d'une crise économique qui frappe plus durement les villes que les campagnes. L'explosion du secteur informel n'est pas étrangère à ce phénomène.

Profitant du caractère récent de l'urbanisation ainsi que de la persistance de liens forts entre les citadins et leurs communautés rurales d'origine, l'Afrique saura-t-elle inventer un mode unique de développement décentralisé et d'industrialisation rurale ?

La « ruralisation » d'un grand nombre de villes — Lusaka, Nairobi ou Dar es Salaam —, c'est-à-dire la production par les citadins de leurs denrées alimentaires à l'intérieur même ou à la périphérie des villes, est une forme d'adaptation qui mérite attention.

Démographie

L'Afrique s'accroît, une croissance effrénée : plus de 3 % par an, une population qui double tous les vingt-cinq ans. Le nombre moyen d'enfants par femme est de 3,4 pour l'ensemble du monde ; il approche de 7 au sud du Sahara...

Ainsi, aujourd'hui, en Afrique noire, 47 % de la population ont moins de quinze ans (32 % pour la population mondiale).

Partout ailleurs dans le monde, la démographie s'est apaisée. Pas en Afrique où demeurent inchangés, on dirait même intangibles, les facteurs bien connus de l'accroissement, et d'abord le premier : la considération attachée à la famille nombreuse.

« Les pays africains partagent avec les autres pays où l'agriculture extensive est la règle, une forte propension à des familles nombreuses. La puissance d'une famille, d'un lignage ou d'un clan se mesure d'abord au nombre de bras qu'il peut mobiliser pour les travaux des champs et accessoirement pour la guerre, d'où la haute valeur culturelle attachée à la fécondité. Les conditions de la nuptialité en Afrique sont le reflet de cette recherche d'une nombreuse descendance. La polygamie, le remariage rapide des divorcés, le lévirat (pratique qui consiste, pour une veuve récente, à épouser rapidement un membre de la famille du défunt, le plus souvent un jeune frère), y sont plus fréquents qu'ailleurs[1]. »

La famille nombreuse est aussi considérée, non sans raison, comme une garantie, une protection sociale : les parents vieillissants ne pourront compter que sur leurs enfants...

D'autres facteurs de fécondité existent (abandon de l'abstinence *post partum* de longue durée, diminution de la période d'allaitement, lutte contre la stérilité...) que ne compensent pas d'autres facteurs inverses (amélioration de l'éducation et du statut de la femme, élévation de l'âge du mariage...)[2].

Comme la médecine fait, tant bien que mal, reculer la mortalité et que la grande majorité des gouvernements (à l'exception notable de l'île Maurice : taux de croissance démographique actuel : 1,12) ne s'est pas lancée dans de véritables programmes de contrôle des naissances, la croissance vertigineuse a toutes chances de continuer, sauf

1. « Le défi démographique », Jacques Schwarz, *Afrique contemporaine* (février 1992).

2. *Cf.* Francis Gendreau, « Réflexion sur la démographie de l'Afrique au sud du Sahara », *Afrique contemporaine*, janvier 1992.

épidémie majeure et généralisée telle que le Sida (*cf.* p. 110).

Certes, il faut se garder des moyennes comme des généralités. Le « surpeuplement » varie selon les régions. Innombrables et diverses sont les Afriques, du Kenya (taux d'accroissement naturel : 3,7 % par an, 720 personnes par hectare cultivable) au Rwanda (3,5 % et 530), au Ghana (3,2 % et 250) ou au Bénin (3,2 % et 150).

Pas dupes IV

Les fausses factures aussi ont besoin d'Afrique

La France a ses pudeurs. On ne parle pas de la vie privée des hommes politiques. On ne parlait pas non plus, jusqu'à une date récente, de la manière dont ils finançaient leurs campagnes électorales... Le rôle du continent noir, notamment, restait dans l'ombre.

Depuis longtemps, l'Afrique est intimement mêlée à notre vie politique : Félix Houphouët-Boigny a été cinq fois ministre de la République française ; Léopold Sédar Senghor, deux fois. Et l'on ne comprend rien à la carrière de François Mitterrand (ni à sa politique africaine) si l'on ne remonte pas au début des années cinquante.

A l'époque, il animait, avec René Pleven, un petit parti de centre gauche, l'Union démocratique et socialiste de la Résistance (UDSR). Il réussit à grossir d'un coup ses maigres troupes en attirant le Rassemblement démocratique africain dont le leader, Félix Houphouët-Boigny, était encore quelque peu sensible aux sirènes communistes. Fort de cet allié de poids, l'UDSR va jouer à plein, au sein de la IVe République, son rôle de groupe charnière. On peut dire sans exagération que François Mitterrand doit à l'Afrique une partie de son exceptionnelle carrière ministérielle : douze postes en treize ans.

En ce temps-là, le soutien africain à notre vie publique n'était guère financier. Les choses ont bien changé depuis. Il est peu, très peu de partis politiques qui n'aient pas, à un moment ou à un autre, bénéficié d'une largesse de chef d'État noir « ami ». Les formes de ces « participations » sont diverses : dons purs et simples, surtarification de contrats avec rétrocessions, détournement pur et simple de l'aide au développement...

Il n'est pas de campagne nationale française que l'Afrique n'ait pas soutenue financièrement... en distribuant ses oboles à tous, sans vrai favoritisme, pour être sûre d'avoir, quoi qu'il arrive, un « parent » à l'Élysée ou à Matignon.

Ainsi, comme par hasard, jamais aucune famille politique n'a dénoncé cette aberration : la démocratie française soutenue à bout de bras par des régimes autocratiques de pays pauvres...

Après le discours du Président Mitterrand vantant à La Baule les mérites de la démocratie, certains chefs d'État, se sentant menacés, firent discrètement savoir qu'ils disposaient de dossiers croustillants et que, si on leur forçait trop la main... A ce jour, aucune de ces menaces n'a été mise à exécution. Dommage, peut-être. Les affaires Urba Graco et Cogedim auraient sans doute perdu la vedette.

Et justice aurait été rendue à l'Afrique noire : *le paradis des fausses factures* ! Ou plutôt le continent grâce auquel les fausses factures sont tout simplement inutiles...

Mais les fonds politiques ne sont pas seuls à faire le détour par le sud du Sahara.

La Coface est une compagnie d'assurance qui, sur ressources publiques, garantit nos exportateurs contre le risque de n'être pas payés par leurs lointains clients. Tous les pays possèdent ce genre de mécanisme. Mais la France, dont la balance commerciale est fragile et les entrepreneurs plutôt casaniers, s'appuie plus que les autres sur ce filet protecteur. Tranquillisés par la Coface, beaucoup de nos patrons ont signé avec le Tiers Monde force contrats sans se préoccuper des remboursements : aucune importance que le projet soit inutile ou surdimensionné, aucune importance qu'il ne dégage aucune rentabilité, aucune importance que le pays client, dans ces conditions, ne puisse honorer ses traites, puisque la bonne fée Coface est là ! La boucle est bouclée : c'est le contribuable *français* (ses impôts font vivre la Coface) qui sauve de la faillite l'industriel *français* en finançant un projet dont le client *africain* n'avait nul besoin, et qu'il n'aurait de toute façon jamais pu payer.

Ce *grand détour*, on l'aura deviné, est des plus néfastes :

• pour la France : subventions indirectes et donc sans contrôle à des groupes industriels, protection artificielle contre la concurrence, coût budgétaire (mieux vaudraient des aides directes, précises et ouvertes) ;

• pour l'Afrique : inutilité des équipements fournis, endettement, innombrables occasions de corruption.

Argent sale ou honteux, financement de notre démocratie ou de notre industrie, tout se passe comme si la France considère ou considérait (jusqu'à une date toute récente...) l'Afrique comme une annexe discrète, des coulisses bien pratiques pour blanchir les fonds douteux et régler entre « élites » quelques profitables trafics.

Garder à l'esprit ce fameux et permanent *détour* permet de mieux comprendre :

• que l'Afrique ait reçu encore plus d'argent qu'on ne croyait ;

• pourquoi ces flux énormes ne lui ont servi à rien.

Pôles de croissance

L'heure n'est-elle pas venue, pour l'administration française, de concevoir une « politique africaine » à l'échelle du continent ? Si l'Afrique du Nord a ses spécificités, quelle logique, autre que postcoloniale conduit à faire traiter le Niger par la rue Monsieur et le Nigeria par le Quai d'Orsay ? Comme si le développement de celui-là ne dépendait pas d'abord de la réussite de celui-ci...

L'analyse des lignes de force, c'est-à-dire des pôles de croissance, montre que la France va devoir enterrer au plus vite ses nostalgies, changer ses pratiques... et supprimer cette frontière entre ministère des Affaires étrangères et ministère de la Coopération.

*
* *

On a parfois comparé l'Afrique du Sud à un grand sac au fond duquel seraient tombées toutes les richesses du continent. Scandale géologique, avançant en économie à coups de miracle et en politique à coups de catastrophe. Voilà comment, depuis l'instauration de l'apartheid en 1948, on décrivait cette « Afrique blanche » où l'or se refusait au noir. Obstacle de race et de couleur. Eldorado fascinant et révoltant.

Mais voici que l'Afrique du Sud change. Elle qui représente le tiers de la production du continent s'ouvre aux Noirs et, partant, à toute l'Afrique noire. N'est-elle pas déjà le premier partenaire du Zaïre, le troisième de la Côte d'Ivoire ? Il serait faux de croire que le reste de l'Afrique a ignoré la grande puissance du Sud jusqu'aux premiers craquements du régime de séparation des races. « L'ostracisme censé frapper l'Afrique du Sud resta bien souvent lettre morte et la *realpolitik* l'emporta sur les idéologies », observait la revue *Marchés tropicaux* dans un numéro du 7 juin 1991. Les relations économiques entre Pretoria et le reste du continent « se sont non seulement maintenues mais développées », lisait-on encore, les pays d'Afrique australe considérant la R.S.A. (République Sud-africaine) comme « la locomotive de l'Afrique ». Dans des domaines aussi fondamentaux que les infrastructures routières, aériennes et maritimes, ou pour la fourniture d'électricité, la coopération est ancienne entre le Botswana, le Lesotho, le Swaziland, le Zaïre, la Zambie et l'Afrique du Sud, qualifiée parfois de « verrou géographique ».

La décision des pays africains, en 1991, d'autoriser le survol de leur territoire par les avions de la South African Airways est plus qu'un symbole. Elle confirme l'attitude nouvelle de nombreux chefs d'État africains — comme le président sénégalais Abdou Diouf — envers un pays dont ils savent qu'il jouera un rôle clé dans le développement du continent. Le *oui* massif de la communauté blanche au référendum de mars 1992 sur la poursuite des réformes a conforté ce pari.

Pour les pays pauvres d'Afrique, Pretoria est la seule puissance proche capable d'exporter des biens de consommation adaptés et à bas prix (grâce en particulier à la faiblesse du rand), capable aussi d'exporter un savoir-faire agricole, industriel et technologique considérable.

La chance sourit à la politique ; gageons que la catastrophe ne frappera pas l'économie. La levée quasi totale des sanctions occidentales annonce un retour probable des investisseurs étrangers. En 1992, l'Afrique du Sud renouera avec une croissance positive (de 1 à 2 %) après deux ans de recul. Il lui reste à accomplir sa nouvelle donne interne, à combler les écarts de condition entre Noirs et Blancs, à combattre le chômage sans discrimination, à favoriser l'accès à l'éducation, à s'ouvrir davantage en faisant en sorte que sa ligne de front devienne une ligne de partage. Toute l'Afrique peut — veut — espérer désormais d'une embellie au pays de l'apartheid vaincu.

Si indiscutable soit-il, le pôle sud-africain n'est pas le seul en vue. Il ne faut pas désespérer du

Nigeria, malgré l'insécurité, la corruption, le désordre qui y règnent. La base industrielle, bien qu'insuffisante, existe. La main-d'œuvre est nombreuse et compétitive, les ressources naturelles abondantes, avec des réserves d'hydrocarbures à faible coût pour au moins quarante ans, une situation rare hors du Moyen-Orient. Le Nigeria est la plus grande puissance noire au monde. Forte de plus de cent millions d'habitants, elle s'est guérie — douloureusement — de la maladie du pétrole, recevant un satisfecit du F.M.I. pour sa nouvelle politique économique axée sur la dévaluation, le contrôle des dépenses publiques et la restauration des grands équilibres. Le Nigeria a continué d'attirer les capitaux étrangers à raison d'un milliard de dollars par an entre 1989 et 1991, soit plus que les apports reçus au cours de la même période par tous les pays d'Afrique noire, Afrique du Sud comprise...

D'autres pôles de croissance ? Patience, confiance, voici bientôt l'Angola, voici déjà le Botswana.

SOUTHERN AFRICAN DEVELOPMENT COORDINATION CONFERENCE (SADCC)

1er avril 1989 — 1er avril 1992 : la Southern African Development Coordination Conference[1],

1. Angola, Botswana, Lesotho, Malawi, Mozambique, Namibie (depuis le 1er avril 1990), Swaziland, Tanzanie, Zambie, Zimbabwe.

dont le siège est à Gaborone (capitale du Botswana), a treize ans.

Paradoxe : au départ relativement modeste dans ses ambitions, la SADCC a tourné le dos au symbole de l'union régionale, à savoir l'objectif d'un marché commun. Elle passe cependant aujourd'hui pour l'une — sinon la seule — des réussites véritables en Afrique parmi les dizaines, voire les centaines d'initiatives d'intégration régionale.

1. *L'originalité de l'approche impose un critère particulier de résultat.*

En effet, la SADCC a opté pour une stratégie de réalisation de projets et de concertation régionale assortie d'une répartition par État de la responsabilité sectorielle.

Chaque État membre assure l'exécution des programmes sectoriels dont il a la charge. Il en résulte une organisation très peu bureaucratique dont le secrétariat, particulièrement léger, en fait à l'évidence une organisation à part.

L'appréciation des résultats doit se faire sur la réalisation des projets et la capacité de mobilisation financière. De ce point de vue, les résultats sont éloquents : plus de 600 projets ont été définis, dont une centaine achevés. L'enveloppe globale — plus de 6 milliards de dollars (soit 22 % du PIB de la région) — représente un effort d'aide au développement parmi les plus importants en Afrique[1].

1. Voir le dossier très complet établi par Nord-Sud Export Consultant : « Les organisations économiques régionales du Sud et de l'Est de l'Afrique », document provisoire, mars 1991.

L'articulation des aides bilatérales et multilatérales (Banque Mondiale, accords de Lomé, etc.) est particulièrement efficace en raison de la clarté de l'objectif poursuivi et de la bonne qualité de la concertation régionale.

2. *La dynamique de certains des pays membres et la puissance potentielle de cette partie de l'Afrique.*

Les dix pays de la SADCC représentent 5 millions de km^2, 80 millions d'habitants et un peu moins de 30 milliards de dollars de produit intérieur brut.

Cette zone reste très sensible aux marchés internationaux des matières premières. Quatre de ces pays dépendent à plus de 90 % des exportations de leurs trois principales matières premières, trois à plus de 75 % et les trois autres à plus de 50 %. Au total, leurs échanges extérieurs dépassent 50 % du PIB de la région.

Mais, avec un taux de croissance moyen de près de 5 % par an au cours des trois dernières années, un accès privilégié au marché européen, un financement international considérable et, à terme, la participation de l'Afrique du Sud (plus de 20 % du PIB africain), la SADCC ne manque ni d'atouts ni d'avenir.

RÉPARTITION DES SECTEURS PAR ÉTAT MEMBRE

SECTEURS	ÉTAT MEMBRE ASSURANT LA COORDINATION
Énergie	Angola
Agriculture et sécurité alimentaire	Zimbabwe
Recherche agronomique et lutte contre les maladies animales	Botswana/SACCAR (Southern African Center for Cooperation in Agricultural Research)
Pêche, sylviculture et faune	Malawi
Tourisme et conservation des ressources (eau et sol) et utilisation des terres	Lesotho
Industrie et commerce	Tanzanie
Exploitation minière	Zambie
Développement des ressources en main-d'œuvre	Swaziland

Un ex-pauvre : le Botswana

C'est un pays enclavé, semi-désertique, grand comme la France mais quarante-cinq fois moins peuplé. Démocratique, il figurait dans les vingt États les plus pauvres de la planète au moment de son indépendance en 1968. Il enregistre aujourd'hui des performances en matière de croissance économique parmi les meilleures du monde. La charge de sa dette est quasi négligeable.

Ce pays d'Afrique australe s'appelle le Botswana (ex-Bechuanaland), capitale Gaborone.

Richesses naturelles, pratique démocratique, volonté nationale tournée vers le développement, proximité d'un pays-phare — l'Afrique du Sud —, le Botswana utilise avec succès ces différents facteurs favorables pour construire son essor. La remarquable stabilité politique, la forte homogénéité ethnique du pays (95 % des Botswanais sont Bantous et 85 % d'entre eux sont Tswanas) et le libéralisme économique font le reste.

Le diamant aussi. Car ce renouveau économique est essentiellement dû à la manne céleste — ou plutôt terrestre ! — qui a pris la forme, en 1982, d'une nouvelle mine de diamant, la mine de Jwaneng. Classée premier site mondial pour la qualité de ses pierres et l'importance de son gisement, elle garantit pour plus de quarante ans un volume stable de production (8,9 millions de carats en 1989)[1].

Revers de la médaille : ce pays est devenu dépendant pour 75 % de ses recettes d'exportation d'une seule matière première. Mais le marché du diamant, dont le Botswana est le troisième producteur mondial, a été très favorable dans les années soixante-dix et semble assez stable à moyen terme.

Cette manne, dont l'influence est si nettement mesurable depuis 1982, a permis au gouvernement d'engager divers programmes pour préparer l'avenir : formation, santé, création d'infrastructures, lutte contre la désertification, appui à l'agriculture et promotion de l'industrie.

A la différence de la plupart des pays africains qui n'ont pas su se prémunir dans les périodes fastes contre les éventuels retours à moins bonne fortune, le Botswana place 60 % de ses excédents de recettes d'exportation dans un fonds spécial. Cette technique de lissage des variations de recettes résultant des fluctuations des cours lui a permis

1. *Cf.* l'article très complet : « Botswana : une réussite exemplaire en Afrique australe », *Marchés tropicaux* du 11 janvier 1991.

de supprimer l'un des inconvénients majeurs de la dépendance vis-à-vis des matières premières.

Le secteur industriel (6 % du PIB), dont la base reste étroite (essentiellement des entreprises agro-alimentaires, textiles et plastiques), connaît depuis le début des années 1980 un taux annuel de croissance de la valeur ajoutée de l'ordre de 8 à 10 %.

Curieux destin que celui de ce pays : le père de l'indépendance, Serestse Khama, fondateur du Botswana Democratic Party, fut retenu en Grande-Bretagne de 1948 à 1956 sous la pression des dirigeants racistes d'Afrique du Sud et de Rhodésie pour avoir épousé... une Blanche !

Extrêmement dépendant de Pretoria pour ses importations (80 % d'entre elles proviennent d'Afrique du Sud), le Botswana, qui abrite le Secrétariat de la SADCC, et des camps de réfugiés en provenance d'Afrique du Sud, était jusqu'à présent la tête de pont de la « ligne de front ».

Les facteurs de fragilité ne manquent pas dans ce pays extraverti à l'excès, mais, l'utilisation intelligente de ses richesses et l'évolution positive de la région donnent au Botswana des chances sérieuses de développement.

Les moteurs culturels du développement

Trop souvent convaincu de détenir le modèle à suivre, l'homme blanc a une fâcheuse tendance à sous-estimer le Noir dans son altérité.

Aussi doit-on saluer l'initiative prise en 1991 par la Banque Mondiale : réaliser une étude afin de saisir « les ressorts psychologiques des décisions économiques en Afrique ».

Commentant les premières conclusions de ce travail, le Sénégalais Mamadou Dia[1] rappelle que les projets de développement reposaient sur trois postulats majeurs :

- une conception mécaniste et linéaire de l'Histoire, selon laquelle chaque société passait par les mêmes stades avant de « décoller » ;
- une approche technologique de la gestion et du développement institutionnel : la modernisation

1. Le texte original de Mamadou Dia a été publié dans la revue du F.M.I. et de la Banque Mondiale, *Finances et Développement*, en décembre 1991.

devait obligatoirement passer par l'assimilation des méthodes et techniques de gestion occidentales ;

• une approche ethnocentrique de la culture, fondée sur l'idée que toute société tend à épouser les mêmes valeurs que les pays dits développés (esprit d'entreprise, recherche du profit, sécurité matérielle, intérêt personnel).

Il fallait donc à l'Afrique un transfert massif de culture, de méthodes et de technologies. Il a eu lieu. Le résultat est fort décevant. Doit-on s'étonner que l'Afrique soit « mal partie » quand les rampes de lancement étaient aussi impropres au décollage ?

Prenons l'Afrique telle qu'elle est.

• La psychologie africaine se caractérise par une relation forte entre les objets, les hommes et le surnaturel. La recherche d'un équilibre avec autrui et avec le surnaturel est le principe directeur dominant. La frontière entre priorités collectives et priorités individuelles est floue, sinon inexistante.

• On attache plus d'importance aux relations interpersonnelles et à l'accomplissement ponctuel de certains actes sociaux, religieux ou mystiques, qu'à la réussite individuelle.

• La valeur d'un acte économique se mesure au renforcement des liens qu'il entraîne au sein du groupe.

- En Afrique subsaharienne, les seules richesses sont celles qui sont partagées avec la communauté et qui sont socialement visibles. On a vu chez les Diola du Sénégal un sacrifice de 750 têtes de bétail pour célébrer une circoncision. Il n'est pas rare que des agriculteurs pauvres, sous-alimentés, distribuent de grandes quantités de nourriture à l'occasion de mariages, circoncisions, funérailles.
- La famille élargie est toujours présente. Lorsqu'il est modeste, le surplus va d'abord aux proches, puis aux voisins, enfin à la tribu.
- La réussite économique ne s'accompagne pas d'une mobilité sociale ascendante. En fait, toute réussite en dehors du groupe peut conduire à l'ostracisme. (Ne dit-on pas aussi que pour faire fortune, un Africain doit quitter son pays ?)
- Le besoin de sécurité est la raison principale des comportements évoqués précédemment. L'hôte qui offre généreusement l'hospitalité et redistribue ses richesses peut espérer compter sur ses obligés dans les moments de gêne. S'y mêle aussi un désir de prestige : dans certaines zones, les invités à un mariage peuvent épingler fièrement des billets de banque sur leurs habits de fête, étalant ainsi leur fortune.
- La société africaine est en général très paternaliste et hiérarchisée. Peu portée à l'individualisme, elle est égalitaire dans les limites d'un groupe d'âge, mais hiérarchisée dans les relations d'un groupe à l'autre.
- Une promesse n'est pas une chose anodine.

Souvent, plusieurs témoins doivent être présents. Ils doivent garder en mémoire les faits. Pour les prêts gagés, la valeur symbolique du gage est plus importante que sa valeur vénale. Un stylo à bille peut gager un prêt de 10 000 francs CFA. Ces gages personnifient le débiteur qui, en un sens, offre une partie de lui-même en garantie du prêt. Il faut comparer les taux de remboursement élevés dans le système financier traditionnel informel à l'importance des impayés dans le secteur bancaire formel en Afrique subsaharienne.

• Les étrangers se méprennent sur l'attitude des Africains vis-à-vis des loisirs, qu'ils assimilent à de la paresse. Les activités de loisirs servent au renforcement des liens qui fondent la société. Ainsi, le rendement marginal du « travail improductif » (les loisirs) est élevé et non pas nul. En conséquence, les agriculteurs ne se prêtent aux innovations que si les bénéfices économiques et sociaux attendus du travail supplémentaire sont sensiblement plus élevés que ceux qu'ils retirent de l'actuelle combinaison travail/loisirs.

• Ajoutons encore la réticence des Africains aux actions de prévention : on aura beau faire, on ne pourra jamais se prémunir contre l'imprévu.

• Quant à l'incapacité à déléguer, si souvent constatée et qui limite la taille des entreprises, elle vient du respect traditionnellement dû au chef.

Autant de traits culturels forts qui inspirent à Mamadou Dia la réflexion suivante :

Il ne peut y avoir développement sans conciliation des valeurs traditionnelles et des impératifs d'efficacité et d'accumulation économique. Il faut concilier deux buts parfois contradictoires : l'accumulation (croissance) et la redistribution (équité).

Modèle

Qu'il existe en Afrique des entreprises de toutes tailles, dans tous les secteurs, qui fonctionnent et croissent comme n'importe quelles entreprises analogues de n'importe quels pays au monde, est une évidence.

Que la multiplication de ces entreprises fasse le développement de l'Afrique l'est déjà moins.

Que l'adoption stricte par l'Afrique des règles de fonctionnement des entreprises et des méthodes de gestion qui prévalent dans le monde développé ou en développement rapide soit l'objectif à atteindre ne l'est plus du tout.

Comment souligner la puissance des traditions africaines et affirmer dans le même temps que le succès de l'Afrique dépendra de leur abandon ?

S'agit-il de faire table rase ? Ce serait à la fois totalitaire et irréaliste.

S'agit-il de maintenir les choses en l'état, c'est-à-dire de préserver l'identité africaine au prix d'une marginalisation croissante ? On passe alors du mythe totalitaire à celui du bon sauvage, hypocrite de surcroît, car dépassé.

La voie est-elle médiane ?

Plutôt *ailleurs*, nous dit Bolya Baenga dans *L'Afrique en kimono*[1].

L'auteur reprend à son compte la pensée visionnaire du pasteur malgache Ravelojoana qui voulait faire de son pays — cette île située à l'est de l'Afrique comme le Japon est une île située à l'est de l'Asie — le Japon de l'océan Indien. Le pasteur appelait de ses vœux une révolution Meiji à Madagascar...

Le Japon, horizon pour l'Afrique ? Voilà de quoi surprendre. Mais l'Europe comme modèle surprend encore plus.

Le Japon, au contraire de l'Occident, offre une perspective récente de mariage entre tradition et modernité que l'Afrique recherche profondément.

D'aucuns ont d'ailleurs décelé entre l'Africain et le Japonais des similitudes, en particulier dans les comportements d'entreprise : force du groupe, sensibilité au regard et au jugement des autres, importance du consensus, sens aigu de la hiérarchie, extrême importance donnée aux procédures et à leur minutie, etc.

Il ne s'agit cependant pas de reproduire, mais de s'inspirer. Et si le Japon était pour l'Afrique une meilleure source d'inspiration que l'Europe ?

---

1. Nouvelles du Sud, 1991.

Grands témoins 3

Claire Denis

On lui a dit : « Parlez-nous de l'Afrique. » Elle y a vécu petite fille, au Cameroun. Son père, comme beaucoup d'autres à l'époque, « administrait les colonies ». Claire Denis, la réalisatrice de Chocolat *et de* S'en fout la mort*, a cru à l'Afrique comme on croit à une idée. Elle savait dès l'enfance qu'elle n'y passerait pas toute sa vie. Mais elle se sentait là « dans le ventre de la nounou cosmique », selon l'expression d'un critique après la sortie de* Chocolat. *« Avec l'Afrique, j'ai une relation ventrale. » Elle évoque la forêt primaire, la découverte de Lucy.*

Les boys étaient là pour la protéger. Bien qu'élevée dans un milieu tolérant et ouvert, elle vivait avec la certitude que le Blanc l'emportait sur le Noir. Mais son regard de fillette saisissait tout le contraire : le boy impassible et fort sous le climat tropical ; le Blanc à la peau brûlée, le « cochon gratté », comme disaient les Africains. En lisant L'ivrogne dans la brousse, *de Tutuola, elle a connu le pays de la mort où l'on continue à boire du vin de palme. Aujourd'hui, elle dit avoir « une chance inouïe d'être à la fois à la porte de l'Afrique et si loin de l'abîme ».*

« Je ne me sens pas en exil, mais contaminée à vie par l'Afrique. On est paludéen ou on ne l'est pas. De toute façon, nous sommes liés à vie à ce continent, et si on l'oublie, les Africains sont là pour nous le rappeler. »

II

POUR MÉMOIRE

Traite

Du XVe au XIXe siècle : entre 80 et 100 millions d'hommes et de femmes arrachés à l'Afrique, pourcentage considérable de la population de l'époque.

Conséquences pour le continent :

- perte des meilleurs éléments. Les négriers sélectionnaient : « point de vieux à peau ridée, testicules pendants et ratatinés.... ». Les femmes : « ni tétons cabrés ni mamelles flasques, jeunes filles à seins debout » (circulaire de 1769[1]).
- destruction des sociétés : les agriculteurs fuient leurs champs ; des peuples côtiers deviennent les alliés des négriers. Sur la Côte d'Or, l'adultère était sévèrement puni. Alors les rois entretenaient un grand nombre de femmes pour qu'elles séduisent des hommes jeunes bien faits. Sitôt le péché commis, la femme dénonçait l'amant qui était illico vendu comme esclave[2]...

---

1. Joseph Ki Zerbo, *Histoire de l'Afrique noire*, Hatier.
2. *Ibid.*

Répression

Quelques petits exemples :

Sud-Ouest africain : 60 000 Africains massacrés par les Allemands (1892).

1905, sud du Tanganyika, révolte des Maji-Maji : le gouvernement allemand lève une armée qui, partant de la côte, brûle et tue tout — 120 000 morts.

La France, on s'en doute, n'est pas en reste.

1897 : ayant décidé de conquérir le cœur de l'Afrique, elle envoie trois missions d'Algérie, du Congo et du Soudan. Rendez-vous sur le lac Tchad. Bientôt parviennent au ministre des Colonies des nouvelles inquiétantes. Voulet et Chamoine, les officiers qui commandent la colonne partie du Soudan, seraient devenus fous. On envoie le colonel Klolb pour mettre de l'ordre. Sur leurs traces, Klolb ne trouve que preuves de massacres et désolation : dizaines de villages incendiés, puits débordant de femmes noyées, fillettes pendues aux arbres... Klolb finit par rejoindre Voulet et Chamoine. Les deux capitaines ont décidé de régner pour leur compte. « Je suis un sultan noir », répète Voulet. Ils refusent de se soumettre, tuent Klolb avant de disparaître l'un après l'autre dans des circonstances mal élucidées.

Travail forcé

Pire que l'esclavage : on veille quelque peu sur un esclave, élément du patrimoine. Quand un travailleur forcé meurt, on n'a qu'à en demander un autre à l'administration.

Chemin de fer Congo-Océan (Brazzaville-Pointe-Noire), construit par 127 250 « adultes mâles ». Bilan *officiel* : 14 100 morts. Lire à ce sujet le terrible reportage d'Albert Londres.

Conscription

Participation de l'Afrique à l'holocauste de 14-18 :

- recrutement de l'Angleterre : près de 400 000 Africains, 46 000 morts, 40 000 disparus.
- recrutement de la France : 211 000, grâce notamment à la propagande du député sénégalais Blaise Diagne qui pensait que la participation au combat permettrait une certaine émancipation, une fois la paix rétablie. Bilan : 24 000 morts officiels, mais d'innombrables disparus. Les pertes totales des colonies françaises en 14-18 dépasseraient 200 000[1] (Afrique du Nord : 270 000 combattants, 40 000 morts).

Principales victimes de la guerre du Golfe, en 1991, du côté des coalisés contre l'Irak : 90 soldats sénégalais, tués dans un accident d'avion au lendemain de l'opération « Tempête du désert ». Ils rentraient chez eux, soulagés d'échapper à cette guerre qui les concernait si peu.

1. Basil Davidson, *L'Afrique au xxe siècle*, Jeune Afrique.

Merci l'Afrique, devrait répéter l'Amérique

Au fond, l'Amérique a remplacé ses Indiens par des Noirs. Elle a supprimé les premiers pour leur prendre leurs terres. Et, pour cultiver le pays vide, elle a importé les seconds.

L'Amérique n'est pas la seule à avoir bénéficié de la traite. Le commerce triangulaire (marchandises européennes → esclaves noirs → argent) procurait des profits considérables : de 300 à 800 %. Cette accumulation de capital a joué un rôle non négligeable dans la croissance économique de nos XVIe et XVIIIe siècles.

Mais les esclaves noirs ont été, en Amérique, les vrais moteurs du développement :

- en travaillant dans les plantations de coton, ils ont « fait » le Sud des États-Unis qui était, au moment de la Guerre de Sécession, le vrai pôle de richesse du pays. Dans les États du Sud, les Noirs représentaient la moitié de la population.
- en plantant et récoltant la canne à sucre, il ont créé, économiquement, les Caraïbes et le Brésil. Dans l'archipel, au XVIIIe siècle, ils étaient onze fois plus nombreux que les Blancs : 250 000 contre 20 000. De même au Brésil où les Noirs ont apporté leur force de travail (développement de la canne) mais aussi leurs connaissances agricoles. C'est dans ce pays qu'eut lieu la plus grande et la plus durable révolte d'esclaves. A la fin du XVIe siècle, plusieurs milliers de nègres « marrons » (fugitifs) quittèrent leurs maîtres et fondèrent à Palmarès, au cœur du

Nordeste, une sorte de république africaine avec ses règles coutumières, ses chefferies... La « république de Palmarès » compta jusqu'à 25 000 âmes et, malgré de nombreuses attaques des Portugais, réussit à résister jusqu'en 1697[1].

1. Joseph Ki Zerbo, *op. cit.*

III

PATRIMOINE

Patrimoine 1

Merci aux « primitifs »

Tous les spécialistes[1] le savent : l'art africain est à l'origine de l'art moderne.

Dès la fin du siècle dernier, un intérêt grandit pour ce qu'on appelle alors l'« art tribal[2] ». Déjà, à l'Exposition universelle de 1855, diverses collections avaient été présentées. Mais en 1878 ouvre, dans l'aile droite du palais du Trocadéro, une exposition des « objets ethnographiques des peuples étrangers à l'Europe » qui préfigure le musée ethnographique. Un an plus tard, un « musée africain » est installé dans le foyer du théâtre du Châtelet. L'engouement monte, popularisé par l'Exposition universelle de 1889 qui veut ancrer chez les visiteurs l'ambition coloniale. De même, en 1894, on profite de la conquête du Dahomey

1. *Cf.* William Rubin, *Le Primitivisme dans l'art du XXe siècle*, Flammarion.
2. *Cf.* l'article « Afrique » *in* Rubin, *op. cit.*, p. 125 sq.

(après une guerre longue et meurtrière) pour montrer au musée du Trocadéro les « fétiches » contre lesquels la « civilisation » se doit de combattre.

Dans d'autres pays d'Europe, en Angleterre, en Belgique, mais surtout en Allemagne où le musée de Berlin possède déjà plus de dix mille pièces africaines, la même attention pour l'« art tribal » se développe. Les États-Unis ne sont pas en reste avec le Field Museum de Chicago. C'est donc bien une nouvelle culture qui, peu à peu, imprègne le monde développé.

Il faut attendre le début du XXe siècle pour que les artistes, notre avant-garde, découvrent ce monde du Sud si proche de leurs préoccupations. Gauguin déjà, sans doute depuis 1890, avait dans son atelier deux statues du Congo. Mais tout commence vraiment durant l'été 1905. Cette année-là, Braque, qui passe des vacances sur la côte normande entre Honfleur et Le Havre, achète à un marin un masque du Gabon. En juillet de la même année, André Lhote, de passage à Bordeaux, est séduit par un masque ivoirien perdu dans le bric-à-brac d'un brocanteur de la place Meriadech. Enfin Vlaminck, vers septembre, dans un café, paie les consommations de deux clients qui lui donnent en échange « deux statues du Dahomey, peinturlurées d'ocre rouge, d'ocre jaune et de blanc ; une autre de la Côte d'Ivoire, toute noire ». C'est à la même époque que Vlaminck reçoit d'un ami de son père

« un grand masque blanc ». Ce grand masque (Fang) va avoir une importance historique. Car Vlaminck, dans la gêne, va immédiatement le céder à Derain qui l'emporte chez lui où, sans doute au printemps 1906, Picasso et Matisse viennent le voir. Ils sont bouleversés. Peu de temps après, Matisse, en se rendant chez Gertrude Stein (27, rue de Fleurus), passe par la rue de Rennes. Au n° 87, Émile Heymann tient un magasin de curiosités. Matisse se laisse séduire par une statuette. Ravi de son emplette, il la montre à Picasso, l'un des fidèles de Gertrude Stein. Nouvel éblouissement.

Dernier événement, capital pour l'histoire esthétique de ce siècle[1] : la visite de Picasso au musée du Trocadéro, un an plus tard (printemps 1907). Voilà le récit qu'il en a fait à André Malraux[2] :

> *« Quand je suis allé au Trocadéro, c'était dégoûtant. Le marché aux puces. L'odeur. J'étais tout seul. Je voulais m'en aller. Je ne partais pas. Je restais. Je restais. J'ai compris que c'était très important : il m'arrivait quelque chose, non ?*
>
> *« Les masques, ils n'étaient pas des sculptures comme les autres. Pas du tout. Ils étaient des choses magiques. Et pourquoi pas les Égyptiens, les Chaldéens ? Nous ne nous en étions pas aperçu. Des primitifs, pas des magiques. Les Nègres, ils étaient des intercesseurs, je sais le mot en français depuis ce temps-là. Contre tout ; contre les esprits inconnus, menaçants. Je regardais tou-*

1. J.-L. Ferrier, *L'Aventure de l'art au XXe siècle*, Hachette.
2. A. Malraux, *La Tête d'Obsidienne*, Gallimard.

jours les fétiches. J'ai compris : moi aussi, je suis contre tout. Moi aussi, je pense que tout, c'est inconnu, c'est ennemi ! Tout ! Pas les détails ! Les femmes, les enfants, les bêtes, le tabac, jouer... Mais le tout ! J'ai compris à quoi elle servait, leur sculpture, aux Nègres. Pourquoi sculpter comme ça et pas autrement. Ils n'étaient pas cubistes, tout de même ! Puisque le cubisme, il n'existait pas. Sûrement des types avaient inventé les modèles et des types les avaient imités, la tradition, non ? Mais tous les fétiches, ils servaient à la même chose. Ils étaient des armes. Pour aider les gens à ne plus être les sujets des esprits, à devenir indépendants. Des outils. Si nous donnons une forme aux esprits, nous devenons indépendants. Les esprits, l'inconscient (on n'en parlait pas encore beaucoup), l'émotion, c'est la même chose. J'ai compris pourquoi j'étais peintre. Tout seul dans ce musée affreux, avec des masques, des poupées peaux-rouges, des mannequins poussiéreux. Les Demoiselles d'Avignon *ont dû arriver ce jour-là mais pas du tout à cause des formes : parce que c'était ma première toile d'exorcisme, oui ! »*

A partir de ce moment-là, tous les peintres majeurs deviennent collectionneurs d'« art tribal » : outre Picasso, Matisse, Derain, Braque... plus tard Max Ernst, qui devint un véritable connaisseur en matière d'ethnologie. Cette alliance entre art africain et art moderne est incarnée en Paul Guillaume.

Nous sommes en 1911. Un marchand d'origine hongroise, Joseph Brummer, remarque, en vitrine d'un magasin d'accessoires automobiles, un bel objet nègre. Il l'achète. Et s'informe sur l'origine de l'objet. Un jeune commis lui répond que, régulièrement, par l'intermédiaire de ses fournisseurs en caoutchouc naturel, parviennent au magasin de tels « fétiches ». Brummer demande au jeune employé de l'avertir des arrivages. Le jeune employé, c'est Paul Guillaume. Il quittera bientôt les accessoires automobiles pour ouvrir rue de Miromesnil, puis rue du Faubourg Saint-Honoré, une galerie où il présentera parallèlement les « maîtres contemporains » et la « sculpture nègre ».

Dès le début de ses activités, Paul Guillaume s'appuie sur un expert qui ne nous est pas inconnu : le poète Guillaume Apollinaire, initié à cette culture par le critique Félix Fénéon dès 1910. Les connaissances d'Apollinaire grandissent vite et il écrira sur la question, et donc sur la naissance de l'art moderne, des textes de référence dont une préface à *Sculptures nègres*, un album édité par Paul Guillaume.

Peu après la Grande Guerre, en mai 1919, Guillaume met sur pied la première grande exposition d'art nègre et océanien en même temps qu'il organise, à la Comédie des Champs-Élysées, une retentissante « fête nègre » présentée ainsi : « L'intelligence de l'homme moderne doit être nègre. » L'intérêt pour l'Afrique a désormais débordé l'avant-garde pour devenir mode. Jusqu'à la frénésie.

Dans le récit de sa visite au Trocadéro, Picasso explique clairement l'apport de l'Afrique : c'est l'arrivée du surnaturel. Et, pour reprendre le mot de Matisse cité par J.-L. Paudrat[1], « le temps des cosmogonies artistiques » commence.

Les créateurs européens étaient mûrs pour recevoir cet apport. Depuis trente ou quarante ans, ils s'éloignaient de la « représentation » de la nature qui avait atteint une limite avec les impressionnistes. Déjà, le trait des estampes japonaises avait fasciné Manet et Degas. Et Gauguin, en se montrant plus synthétique, plus stylisé, avait franchi une étape importante. Il préparait la révolution qui sonnera la naissance de l'art moderne : « le passage du perceptif au conceptuel[2] », passage éclatant dans *Les Demoiselles d'Avignon*.

Dans l'art africain, les modernes, outre la cosmogonie, trouvent le classicisme, le recul par rapport au réel, la synthèse, le style, l'idée vers quoi ils s'approchaient depuis Manet et Cézanne.

L'histoire de l'art est faite d'affinités, d'échos irrépressibles à travers le temps et l'espace. De même qu'il n'y a pas de Renaissance sans redécouverte de l'Antiquité, *il n'y a pas d'art moderne sans Afrique.*

Et Picasso a beau dire « les statues africaines qui traînent un peu partout chez moi sont plus des *témoins* que des *exemples* », il a beau répéter

1. J.-L. Paudrat *in* Rubin, *op. cit.*
2. W. Rubin, *op. cit.*

qu'il n'a utilisé aucune *forme* africaine, nombreux sont les cas qui prouvent une nouvelle fois que, dans l'histoire de l'art, les fameuses « affinités » vont jusqu'à l'emprunt.

Fidélité

Marcel Griaule, né à Aisy-sur-Armençon (Yonne) en 1898, est l'un des fondateurs de l'ethnologie moderne. Après des recherches en Abyssinie, il mène, entre Dakar et Djibouti, une longue mission d'exploration (1931-1933). Son assistant est Michel Leiris qui racontera cette expédition légendaire dans son livre *L'Afrique fantôme* (chef-d'œuvre).

A l'occasion de ce voyage, Griaule rencontre, au cœur du Mali, le peuple Dogon que, fasciné par leur cosmogonie et l'ensemble de leur culture, il ne quittera plus (lire *Dieu d'eau,* autre chef-d'œuvre).

1956 : Griaule, malade, revient en France pour y mourir. Il y est enterré, lui qui ne voulait pour dernière demeure qu'une falaise de Bandiagara, au milieu de ses amis noirs.

Quand, des mois après, les Dogon apprennent sa mort, ils décident de célébrer pour lui, malgré son absence, le grand rite des funérailles. Ils fabriquent un mannequin à son image qu'ils installent dans une caverne, près du barrage que

Griaule avait fait construire et qui avait apporté l'eau à toute la région (Sanga). Entre les doigts du mannequin, ils glissent l'outil qu'ils lui avaient toujours vu : le crayon. Passent les jours, les cérémonies s'achèvent, il faut lever le deuil. C'est l'heure où l'on casse la houe du cultivateur mort pour montrer la fin de ses travaux sur terre. Alors les Dogon s'approchèrent du mannequin Griaule, et, avant de l'emporter vers la falaise où l'attendait sa niche funéraire, brisèrent le crayon.

Berceau du monde[1]

Le titre est envié, alors la concurrence est rude entre les continents. Et qu'est-ce qu'un homme ? A partir de quel moment de l'évolution peut-on parler d'homme ?

« L'homme descend du singe » dit, après Darwin, la sagesse populaire pour une fois d'accord avec la science moderne. Les plus anciens primates (fin du Crétacé, ère secondaire, il y a 70 millions d'années) ont été découverts dans les Rocheuses (ouest des États-Unis). Le terrain de fouilles étant difficile, les paléontologues ont baptisé *Purgatorius* leur découverte ! Notre plus vieil ancêtre était une sorte de petit rat qui vivait dans les arbres et se nourrissait de fruits et d'insectes...

Passent les années, les millions d'années. Les primates se multiplient et se diversifient. De ces plus « jeunes » primates on trouve un peu partout, plus seulement en Amérique, mais aussi en Europe :

1. *Cf.* Yves Coppens, *Le Singe, l'Afrique et l'Homme*, Fayard.

par exemple, l'*Adapis Parisiensis*, jumeau des Lémuriens d'aujourd'hui, et qui habitait Montmartre, dans une forêt de séquoias, au bord d'une lagune.

Les primates « modernes », ceux qui commencent à ressembler à des singes, apparaîtraient il y a (environ !) 42 millions d'années. A cette époque, l'Amérique du Nord est reliée à l'Europe, mais l'Amérique du Sud, l'Afrique et l'Asie sont des continents séparés. Si l'on penche pour une origine unique (sans doute nord-américaine) des singes, il faut envisager des voyages de ces petits êtres sur des radeaux, ou des branchages à la dérive, peut-être *via* le détroit de Behring et l'Asie : on a trouvé aussi en Birmanie des fossiles de singes très anciens, datant de 38 à 40 millions d'années. Avouons-le, rien n'est sûr...

Toujours est-il qu'entre 36 et 25 millions d'années avant Jésus-Christ vivaient en Égypte, dans le bassin du Fayoum, à 100 km du Caire, des petits singes nettement plus « évolués » que leurs prédécesseurs des autres continents, les *Parapithèques*.

Pourquoi cette avancée soudaine de l'Afrique alors que l'Amérique du Nord, l'Europe et l'Asie regorgeaient, avant elle, de singes de toutes sortes ?

Sur ce point encore, les savants tâtonnent, évoquent, sans choisir, les changements climatiques et leurs conséquences sur la végétation, les réductions des forêts, l'adaptation morphologique...

Durant la période suivante, de 25 à 17 millions

d'années avant notre ère, les singes africains se développent. On trouve des traces de leurs multiples variétés au Kenya (île Rusinga, sur le lac Victoria), en Égypte, en Ouganda et en Libye.

17 millions d'années : date capitale. Le continent africain entre en contact avec l'Asie. Les singes d'Afrique en profitent pour voir du pays et se dispersent en Asie et aussi en Europe. En 1958, on découvrira ainsi en Toscane (mont Bamboli) le squelette d'un primate qui devait mesurer 1,20 mètre et peser environ 40 kilos (*Oreopithèque*). En France, à Saint-Gaudens, on trouvera les restes d'un animal baptisé Singe des Chênes (*Dryopithèque*). En Extrême-Orient vivra le *Gigantopithèque* qui, comme son nom l'indique, possédait une taille et un poids respectables (au moins 2 mètres et 250 kilos...)

Pendant ce temps, l'Afrique reprend souffle. Elle prépare son œuvre majeure : « Lucie ». Cinquante-deux os d'un même squelette découverts en 1978 dans l'Afar éthiopien. Lucie, parce que ses inventeurs, Maurice Taïeb, Donald Johansson et Yves Coppens, le soir au campement écoutaient avec délice la chanson des Beatles, *Lucy in the sky with diamonds*. Lucie est redressée, presque comme nous. Elle a un cerveau comparable au nôtre en plus petit, une dentition sophistiquée... En outre, près d'elle comme près de ses semblables, on a trouvé de nombreux outils, des pierres ou des os taillés...

Lucie, membre ancien de la famille des *Austra-*

lopithèques, vivra jusqu'à il y a environ un million d'années entre la mer Rouge et Le Cap. Une famille australopithèque dont une branche aboutira à nous, les hommes, via l'*Homo habilis* (vers 2 000 000 d'années), l'*Homo erectus* (1 500 000) et l'*Homo sapiens*.

Notre sort s'est donc joué avant, avec Lucie et ses semblables, en Éthiopie et au Kenya. Mais pourquoi ce nouveau saut décisif en Afrique ? Pourquoi l'Afrique est-elle, selon toute vraisemblance, le berceau de l'humanité ?

La réponse d'Yves Coppens, peut-être poète mais aussi chercheur mondialement connu et respecté, professeur de paléontologie au Collège de France, en même temps qu'elle explique tout, fait rêver.

Dans les très anciens temps, la forêt qui couvre toute l'Afrique intertropicale, de l'Atlantique à l'océan Indien, protège ses habitants, dont les primates. Soudain, une cassure, un effondrement géologique. Une tranchée se forme à l'est du continent : c'est le Rift, semé de lacs, entre l'Éthiopie et l'Ouganda. Cet effondrement bouleverse le régime des vents et des précipitations, change le climat. L'Ouest africain, qui reçoit les pluies de l'océan, demeure boisé. L'Est s'assèche, la forêt s'étiole. Le paysage se découvre, les êtres vivants perdent leur protection. Aperçus de loin par leurs ennemis potentiels, ils doivent se protéger, se défendre, se rassembler, unir leurs forces et modifier leur morphologie, s'adapter peu à peu à ce nouveau monde hostile. Tandis que ceux de l'Ouest qui vivent toujours au couvert des arbres, n'ayant pas à lutter contre ces périls, peuvent mener une existence plus tranquille, paresseuse : leur évolution stagne.

Et c'est ainsi, à l'est du Rift, aux bords de la grande cassure, qu'aurait commencé l'aventure humaine, alors que nos cousins, gorilles et chimpanzés, faisaient la sieste au chaud de la forêt.

A partir de deux millions d'années, on trouve, sur la planète entière ou presque, des traces d'hominidés. Sans doute les Australopithèques africains ont-ils voyagé. Après tout, comme le dit Coppens, « à raison de 50 à 100 km par génération, il ne faut pas plus de 15 000 ans pour aller d'Afrique orientale en Extrême-Orient ».

Australopithèque noir

Automne 1991. Au muséum d'Histoire naturelle de Washington, c'est la révolution. Les galeries du département d'Anthropologie physique sont fermées. Impossible d'accéder au deuxième étage. Pas moyen de jeter un coup d'œil sur la tête reconstituée de l'Australopithèque, l'ancêtre de l'homme. On lui refait une beauté. Ou plutôt une couleur. Depuis 1966, le visage exposé était blanc. Grâce à l'insistance du groupe d'études africaines du district de Columbia, les autorités du musée ont accepté de se rendre à l'argument de la science. Le berceau des origines, c'est l'Afrique. Soit : le prochain Australopithèque d'exposition sera noir. Justice est faite, trois millions d'années et des poussières après le premier cri du premier homme.

La patience, vertu africaine...

L'Afrique est verte

Famines, je vous hais !

Cri du cœur d'une Afrique qui veut se nourrir pour ne pas mourir. Il faut extirper l'idée simpliste que le continent noir est un estomac vide tout juste bon à engloutir les excédents fabriqués pour lui par les nations tempérées. L'Afrique n'est pas cette béance desséchée, stérile. Et, malgré les accidents climatiques à répétition (1913, 1931, 1974, 1983), le Sahel produit, récolte, consomme et même échange, les bonnes années, ses surplus céréaliers. L'Afrique est *verte.* Elle peut se nourrir elle-même. Mais qui le sait, qui veut l'entendre ? La sécurité alimentaire est à portée de main. Il faudrait, pour l'atteindre, moins d'importations de grains du Nord, qui viennent casser les marchés locaux, décourager les paysans et détourner les consommateurs des denrées locales. « Ton riz sent le sac », disent les villageois du Sine Saloum (Sénégal) à qui leur offre du paddy venu d'Asie.

Extrait d'un rapport de l'association « Afrique verte » : « Avec des irrégularités dues aux aléas du climat, le Sahel est en règle générale globalement autosuffisant en céréales, base de l'alimentation. Après des cycles de sécheresse et les attaques de parasites des dernières années, la situation tend à s'améliorer. La récolte 1989-1990 était de l'ordre de 8,2 millions de tonnes de céréales, couvrant la quasi-totalité de la demande régionale. Les agriculteurs avaient des stocks estimés à 234 000 tonnes. Dans l'ensemble de l'Afrique de l'Ouest, six pays ont enregistré un excédent global de 540 000 tonnes, ce qui représente le double des besoins d'importation en céréales secondaires des pays déficitaires de la région. »

Si la production apparaît satisfaisante, le problème des disparités régionales subsiste. A quelques kilomètres de distance voisinent des zones de surplus et des poches exposées à la famine. Manque de routes, manque de camions, manque de communications entre ces espaces si proches, mais plongés dans le silence et qui n'échangent aucune information. Manque, pourquoi pas, d'un réseau d'ordinateurs dans les villages, par où circuleraient les données sur l'offre, la demande, les prix et l'état des stocks, les disponibilités en moyens d'acheminement. « Les transferts de produits vivriers de région à région constituent une solution logique pour améliorer la sécurité alimentaire », estime l'association « Afrique verte ». Pour échapper aux menées spéculatives des commerçants qui font monter artificiellement les prix entre deux récoltes — pendant la période sensible de la « soudure » —, il faut organiser un circuit d'écoulement des productions africaines, puisqu'elles existent, et favoriser une rencontre entre les acteurs d'un véritable marché.

Président de l'association « Afrique verte », Alain Pecqueur s'y emploie depuis 1985. Ce grand gaillard à la barbe de missionnaire n'est pas là pour porter la bonne parole. Il revendique simplement le droit de l'Afrique à se nourrir elle-même, car il la sait capable de relever pareil défi. En conservant à l'agriculture une dimension humaine et respectueuse de l'environnement, notions que l'Occident développé tente avec peine de retrouver :

« Nos mythes créateurs partent de la parole de Dieu : il a fait l'homme à son image et l'homme doit poursuivre la tâche du Seigneur. Cela nous a conduit à une société technicienne. En Afrique, les mythes créateurs sont bien différents. Dieu a créé l'homme et la nature, et il les a chargés de cohabiter dans un respect mutuel. La société africaine tend davantage vers l'harmonie des hommes avec leur environnement, mais aussi des hommes entre eux. Leurs rapports sont d'une grande subtilité. Certaines ethnies sont par exemple liées entre elles par une parenté *pour rire*. Un représentant d'une ethnie peut insulter un membre d'une autre ethnie en lui disant : “Tu es né d'un pet de ta mère !” L'autre répondra : “C'est sans conséquence...” Et ils cohabiteront pacifiquement. »

Alain Pecqueur croit dans la capacité des Africains à surmonter leurs difficultés. C'est ainsi qu'entre 1986 et 1988, 11 000 tonnes de riz, de mil et de sorgho ont pu circuler dans les pays de la bande sahélienne et au Zaïre. Au lieu de pourrir, les trop-pleins sont venus emplir les poches de pénurie. Au Niger, les coopératives rurales excédentaires ont expédié pommes de terre et tomates séchées vers les villes, et alimenté les villages démunis en céréales locales. Au Burkina Faso, les régions du sud de Ouagadougou ont approvisionné en mil le Nord démuni. Mais, au moment où 10 000 tonnes de blé, « don de la CEE », étaient débarquées à Dakar, comment la coopérative paysanne de Ziguinchor pouvait-elle espérer vendre ses trente tonnes de sorgho excédentaires ?

En 1990, une tonne de mil nigérien valait 1 660 francs français. Le blé européen se traitait à 1 300 francs, et le blé mondial entre 500 et 700 francs. Doit-on conclure à la non-compétitivité de l'agriculture africaine quand les subventions, sur ce continent, sont aussi rares que les gouttes de pluie ?

Souvenir d'une conversation surprise, au bord du fleuve Niger, entre un ministre africain et un expert des Nations unies. Devant eux, les bordures verdoyantes des rizières irriguées dans l'immensité ocre.

Le ministre nigérien : « Nous aimerions que le PNUD [Programme des Nations unies pour le Développement] finance une extension des rizières.

Grâce au fleuve, même en l'absence de précipitations, nous serons toujours assurés d'une récolte. »

L'expert : « Impossible. Votre riz coûte 200 francs CFA le kilo. Vous pouvez en trouver sur le marché deux fois moins cher. »

Le ministre nigérien : « Pour nous, monsieur, la sécurité alimentaire n'a pas de prix. »

Pays très pauvre et semi-aride, le Niger a pourtant vu sa production céréalière (mil, sorgho) augmenter en moyenne de 4 % l'an depuis 1970, alors que sa population ne croissait que de 2,8 % par an. Tillabery, Say, Ouallam — aux portes du désert —, Zinder, Agades, villes ensablées, parfois séparées de mille kilomètres : la sécheresse aurait pu les anéantir. Le dynamisme des coopératives céréalières a permis aux « grains de vie » de repousser les grains de sable. En novembre 1990, Niamey a accueilli la première Bourse paysanne nationale. Pendant quarante-huit heures, des coopérateurs représentant quelque 300 000 personnes ont dressé le bilan des récoltes de mil, échangé leurs informations, conclu en direct des opérations d'achat et de vente — des transactions de l'ordre de 4 000 tonnes de céréales, soit l'équivalent « d'une grave famine évitée à 100 000 personnes pendant plusieurs mois », a estimé « Afrique verte ».

Compte rendu de ces rencontres inédites : « Les responsables des coopératives se présentent entre eux. Moment important, dans un pays deux fois grand comme la France où l'enclavement constitue un grand handicap. C'est, pour la plupart d'entre eux, la première fois qu'ils se voient. Puis commencent les discussions par l'identification de leurs préoccupations, des problèmes liés à la commercialisation de leurs récoltes. Ensemble ils cherchent des solutions. Ils dressent une liste exhaustive des coopératives excédentaires, déficitaires ou autosuffisantes, ainsi que des prix pratiqués sur les marchés locaux. S'il n'y a pas de contrat officiellement signé, on peut parler de contrat informel ou moral.

« Le lendemain de la réunion, le président de Koygolo (Dosso) s'est rendu dans la coopérative de Boki pour voir la qualité du mil et négocier un éventuel stock. Le président d'Ayorou (Tillabery) est allé à Geladjo pour les mêmes raisons. Un premier lien se crée entre les coopératives qui savent maintenant où vendre, où acheter, si elles ont des excédents ou des besoins. »

Abolir les distances, rapprocher les hommes de leur nourriture. Coordonner les transports, faciliter les stockages, accélérer la rotation des marchandises. Et produire ! L'Afrique y parviendra si les incitations politiques et techniques sont au rendez-vous des démocraties nouvelles, si des contre-pouvoirs locaux, issus d'une vaste décentralisation, accrochent leur sillon à une bonne étoile. Le retour à la terre, sur ce continent mal urbanisé, est peut-être la voie de la sagesse et du progrès.

« Une longue période de sous-peuplement n'a pas poussé les paysans africains, contrairement à ceux d'Asie, à intensifier les systèmes de production et à abaisser les coûts unitaires par une augmentation des rendements à l'hectare, lit-on dans le rapport 1989-1990 de la Caisse centrale de Coopération économique. Au sud du Sahara, les importations de céréales ont doublé entre 1974 et 1986, passant de 4 à 8 millions de tonnes, avec une stabilisation depuis 1980, signe d'une évolution encourageante vers une meilleure sécurité alimentaire dans cette région du monde. »

Négligée à l'époque des indépendances — au profit de l'industrie lourde et d'investissements somptuaires improductifs —, l'agriculture africaine remonte en graine. Même les Touareg du Mali se sentent pousser racines aux pieds...

Hommes bleus, mains vertes

Une chaleur explosive, comme la face terrestre du Soleil, si elle existait. Dans cet extrême-nord du Mali, on n'aperçoit ni chameaux ni troupeaux. Seulement des silhouettes longilignes, plantées droit dans le sable. Ce sont des Touareg qui vont à pied, rescapés des famines de 1973 et 1984, nomades devenus paysans. Une houe a remplacé leur bâton de pasteurs. Hommes bleus, mains vertes. Les vaisseaux du désert ont jeté l'ancre. Sur ce delta intérieur du fleuve Niger que, par une singulière ironie, on appelle la « bosse du chameau ».

Leurs bêtes sont mortes, et pour rien au monde ils ne perdront l'honneur sur les reins d'un mulet. Le ciel était leur toit, leurs pas se recoupaient rarement. Ils allaient de l'avant, méprisaient les racines et leur lendemain s'appelait ailleurs, « à mille milles de toute terre habitée ». Les voici agriculteurs modèles, spécialistes du riz irrigué, soucieux des techniques de repiquage, de creusement de canaux et de fertilisation. Sous leurs tentes en peau, ils songent aux baraques en banco, la terre crue. Du dur pour s'installer dans la durée. Avec ce sentiment confus d'être et d'avoir été.

Moradis est le chef d'une de ces fractions (groupes) touareg. Agenouillé sur une natte en fibres de palmier doum, ses lunettes, son poil ras et blanc lui donnent l'allure du mahatma Ghandi. Comme le Guépard de Lampedusa, il se réclame de la fraternité des étoiles. Mais, pour la première fois de sa vie, il a regardé cette terre, sa terre natale où il est revenu camper, le 24 novembre 1984, date qu'il n'oubliera pas. La sécheresse avait fait éclater son groupement, plus haut sur le fleuve, vers Mopti. « Nous n'étions plus que trois familles : la mienne et celles de mes deux frères. Nous n'avions plus d'animaux et on se souvenait que dix ans plus tôt, trente familles nous accompagnaient. » Le désert commence au départ des êtres chers. « Ça me jouait dans la tête, dit-il. L'agriculture dépendait de la pluie. Mais la pluie ne tombait pas. Il fallait tout changer. Je ne trouvais pas de réponse. »

A ce moment s'est présenté un Zaïrois du Bureau international du Travail (BIT), Agostinho Madimba, qui lui a proposé une expérience piscicole. Moradis a refusé. L'idée le rebutait, en bon Targui, de se muer en pêcheur. Il savait bien, pourtant, que jeter le riz à la volée en attendant l'averse revenait à tirer un billet de tombola. Ainsi a germé le projet de périmètres irrigués que

Moradis et les siens ont développé avec le BIT. Dans un premier temps, les familles éloignées sont venues ici s'approvisionner en riz avant de retourner chez elles. Mais, après une récolte de contre-saison réussie, les Touareg « exilés » ont compris qu'il fallait planter la tente autour de ces nouvelles oasis, terres promises à qui voudrait bien les cultiver. On a dénombré les retours par dizaines. Les femmes récemment épousées ont reçu le sobriquet de « IR 15-IKP », du nom des variétés de riz plantées avec succès au bord du fleuve. Grâce à des rendements supérieurs à 6,5 tonnes par hectare, la fraction n'a pas seulement assuré son autosuffisance alimentaire, échappant ainsi à l'aide internationale ; en novembre 1989, elle a vendu 30 tonnes de riz à un village très éloigné...

Agostinho Madimba a accompagné cette mutation des Touareg. Au lieu de les convertir, il les a convaincus. Des bienfaits de l'alphabétisation dans leur langue tamachek, de l'importance de la gestion, de la nécessité du travail. Des entorses à consentir à la hiérarchie traditionnelle, en vue d'assurer la promotion des plus compétents. Une patiente remise en cause voulue par un instinct de survie : changer pour ne pas mourir.

Nasser se souvient très bien de ses années fastes de jeune homme : « Le bétail nous apportait l'opulence. On n'avait pas besoin de travailler. On restait couchés sur le dos, avec la viande, le thé et le lait à portée de main, sans conduire les bêtes ni piler le mil. » La femme tamachek était choyée, grasse, écoutée. Chacun consommait dans l'insouciance sa part de liberté. Hormis les *bellas*, descendants d'esclaves noirs capturés lors de lointaines razzias, qui restaient absorbés par les corvées quotidiennes. « On était ignorant de tout, ajoute Nasser. Les enfants n'allaient jamais à l'école. Nul ne savait écrire ou compter. Il n'y avait plus grande différence entre nous et nos bêtes. »

Les temps ont changé. Les *bellas* sont devenus des associés, liés à leur ancien maître qui leur assure l'habillement, la nourriture, les soins en cas de maladie. Surtout, ils n'ont plus le monopole du travail... Tous les membres de la fraction, hommes et femmes, contribuent à l'œuvre commune.

Moradis ne le regrette pas : « L'agriculture réduit la sensation de liberté, car il faut travailler à chaque instant. Mais les gens ne se plaignent pas de leur fatigue. Ils se souviennent qu'ils avaient tout perdu. Ils sont encore vivants parce qu'ils sont devenus des agriculteurs. »

De leurs origines mystérieuses — on les croit venus des monts du Hoggar —, les Touareg ont gardé le secret. Mohammed, l'alphabétiseur, distingue plusieurs familles initiales entre les marabouts, les pasteurs et les guerriers, ces derniers seuls portant le nom de Touareg. Mais, au fil des ans, les différences se sont estompées. Le temps des razzias et des attaques de colonnes françaises a disparu avec la colonisation. Guerriers et marabouts se sont mélangés, puis les marabouts ont penché vers le pastoralisme. On a célébré des mariages avec des Peuls. « Tout se confond », reconnaît Mohammed. Il affirme que les Touareg sont avant tout des imitateurs : « Si une activité réussit, ils sont tentés de s'y lancer. » Nombre de campeurs nomades ont ainsi fait leur lit au bord du Niger, agriculteurs sans états d'âme, sains et saufs.

Changer ? C'est l'obsession de Moradis. Il aimerait casser les anciennes coutumes qui confèrent par exemple au forgeron un rang privilégié : homme de confiance, homme d'arme pour qui nul ne saurait avoir de secrets, respecté pour son intelligence, celui-ci vit des dons des autres plus que de son labeur. Comme les griots dont l'unique peine consiste à chanter la louange des nobles en leur rappelant leur glorieuse histoire, moyennant offrande pour eux et leur famille. Moradis voudrait les mettre tous au travail, apercevoir la sueur sur leur front. Mais forgerons et griots sont malins. Les uns se rendent utiles en servant le thé ou en prodiguant des massages aux plus âgés. Les autres rivalisent d'amabilités. Ce n'est pas demain qu'ils mouilleront leurs pieds dans les rizières.

Des missions occidentales ont rendu visite aux Touareg pour évaluer leur expérience. Elles espéraient découvrir des comptes en banque garnis, des bilans et des profits chiffrés. Ces spécialistes du développement climatisé à Genève ou Washington sont rentrés bredouilles : ils n'avaient pas les bonnes lunettes « L'amélioration des conditions de vie leur a échappé », regrette Agostinho Madimba. Quelle amélioration ? « Les tentes sont tapissées. Les gens consomment du thé cinq fois par jour, au lieu d'une fois par semaine. Ils consomment du lait et de la viande, car ils ont progressivement reconstitué leur cheptel. »

Bien sûr, les troupeaux sont moins imposants que ceux d'antan. On ne les voit plus au premier regard. Les Touareg n'attirent plus le voyageur, comme jadis, pour lui offrir du lait frais ou caillé. La dot d'une femme pouvait autrefois représenter jusqu'à soixante-dix génisses. Elle varie désormais entre deux et cinq génisses, plus quelques noix de cola et un peu d'argent. Mais il y a plus important : en ville, la banque accorde sans difficulté un crédit au groupement. Signe de confiance inconcevable au début des années quatre-vingts.

Les habitudes alimentaires, elles aussi, ont varié. Les Touareg consomment davantage de céréales et de légumes. Le régime exclusivement lacté est un souvenir, peut-être l'unique nostalgie. Dans leurs plats de riz, ils souhaiteraient plus souvent étaler du beurre. Mohammed est persuadé qu'il existe, présent en chacun d'eux, un éternel Targui : manière de se vêtir avec l'ample gandoura bleue et le turban, sens aigu de l'hospitalité, pratique libérale de l'islam qui tolère le gri-gri et se borne à la monogamie. La fraction de Nasser a construit une petite mosquée biscornue en banco. Moradis en a fait l'économie, ne sachant trop choisir le bon emplacement : « Elle devrait se situer au milieu du village, mais tout est recouvert d'eau », lance-t-il sans insister. La religion l'indiffère et son esprit tolérant réprouve l'islamisme. « Nos sabres, nos poignards et les selles de nos chameaux ont la forme de la croix. Cela prouve que nous étions des chrétiens ! », s'exclame-t-il le plus sérieusement du monde. Il combat l'idée que seul un Arabe puisse être un bon musulman.

Quand une préoccupation lui « joue dans la tête », Moradis brûle d'envie de se retirer seul quelques jours, pour réfléchir. Mais ce serait une brève retraite, « comme vous autres prenez des congés au bord de la mer ». Il n'a pas le temps, il en prend son parti : « Je suis un paysan. »

La transhumance ne le tente plus, et sa plus grande ambition est de scolariser ses enfants en un lieu où ils apprendront une langue nationale. « Vivre ailleurs un moment leur sera bénéfique. Ils reviendront ensuite et vivront toujours au village », croit Moradis. Pour hériter de cette terre. « Quelque chose nous retient ici. Alors on reste. »

Agriculteur ? « Jusqu'à la mort ! »

Pas dupes V

TMM5

• En Afrique, les périmètres irrigués, souvent très coûteux, représentent à peine 5 % des productions alimentaires.

• En l'espace de cinquante ans, le continent a perdu 650 000 km² de terres productives ; le désert gagne chaque année entre 50 et 70 000 km².

• Seules 30 % des terres sont cultivables. Un quart de ces terres sont effectivement exploitées. On y utilise moins de 10 kilos d'éléments fertilisants à l'hectare, contre 230 kilos en Europe[1].

• La situation alimentaire s'est dégradée dans la grande majorité des pays africains au cours des années quatre-vingts. La ration alimentaire est largement insuffisante au Tchad, en Somalie, en Éthiopie, au Soudan, en Centrafrique, en Angola, au Mozambique, au Rwanda[2].

• « C'est au nom de l'autosuffisance que l'on a créé

1. D'après Édouard Saouma, directeur général de la F.A.O.
2. *Cf. Atlas démo-économique de l'Afrique*, 1991.

de nombreux complexes agro-industriels, ces fermes d'État cultivées par des armées de manœuvres sous-payés, gérées par des fonctionnaires selon des méthodes qui voudraient relever de l'organisation taylorisée du travail dans un domaine qui ne s'y prête guère. Et c'est toujours sous couvert de cet objectif que l'on a multiplié les projets hydrauliques, "déguerpissant" les autochtones qui ne "savaient pas maîtriser l'eau", aménageant les terroirs et installant des colons liés par des contrats léonins à la société d'intervention, prélevant sur la récolte les avances effectuées en facteurs de production. Que l'on se souvienne que le blé du Nigeria septentrional revenait à quatre fois le prix du blé américain vendu à Lagos au début des années quatre-vingts (...). Le concept d'autosuffisance n'aurait-il servi qu'à justifier des interventions étatiques inefficaces et coûteuses[1] ? »

• Si la fécondité ne diminuait pas dans l'avenir et si la croissance de la production alimentaire ne s'accélérait pas (taux de 2 % en 1990), le déficit alimentaire ne cesserait de croître, contraignant à de massives importations. Les besoins, dans l'hypothèse où la sécurité alimentaire serait assurée à tous, s'éléveraient en 2020 à 410 millions de tonnes d'équivalent-maïs, et la production à seulement 165 millions de tonnes, ce qui conduirait à un déficit de 245 millions de tonnes[2].

• Nouvel indice établi par la Division de la population des Nations unies, le TMM5 mesure le nombre d'enfants qui meurent avant l'âge de cinq ans pour

1. Georges Courade, de l'Orstom, *in Politique africaine*, n° 39.
2. *Atlas démo-économique de l'Afrique*, 1991.

1 000 naissances vivantes. Considéré comme un indicateur très parlant du développement, il montre la situation précaire de l'Afrique : sur les 34 pays à TMM5 très élevé (supérieur à 170 pour mille) figurent 25 pays du continent :

	TMM5	Nombre de naissances (en milliers)		TMM5	Nbre de naissances (en milliers)
1. Afghanistan	300	843	18. Rwanda	206	347
2. Mozambique	298	669	19. Kampuchea	199	319
3. Mali	292	444	20. Yémen dém.	197	111
4. Angola	292	450	21. Bhoutan	197	56
5. Sierra Leone	266	191	22. Népal	197	714
6. Malawi	262	419	23. Yémen	190	364
7. Éthiopie	259	2 019	24. Burundi	188	236
8. Guinée	248	305	25. Bangladesh	188	4 642
9. Gambie	245	38	26. Bénin	185	226
10. Burkina Faso	233	404	27. Madagascar	184	516
11. Niger	228	343	28. Soudan	181	1 062
12. Tchad	223	239	29. Tanzanie, Rép.-Unie de	176	1 291
13. Guinée-Bissau	223	39	30. Namibie	176	15
14. Rép. Centrafricaine	223	123	31. Nigeria	174	5 286
15. Somalie	221	353	32. Swaziland	174	35
16. Mauritanie	220	89	33. Bolivie	172	297
17. Guinée équatoriale	214	18	34. Haïti	171	215

Spiritualité[1]

L'Afrique est une terre de religion. Face au monde moderne où règne en maître le matériel, où l'empire de l'argent ronge toutes les morales jusqu'à ne laisser de la société que des individus désemparés, à la fois agressifs et repliés sur eux-mêmes, l'Afrique représente aujourd'hui une réserve de spiritualité où les incroyants comme les croyants peuvent trouver à se ressourcer.

Religion, du verbe latin *religare* : relier. Dans la langue bambara, le terme *lasiri* désigne aussi à la fois le lien et la religion.

Les religions traditionnelles de l'Afrique[2], celles qu'on désigne avec mépris sous le nom général de

---

1. Merci au père Jean-Louis Ducamp dont le savoir et l'humour ont permis ce miracle : nous sentir (un peu) moins intimidés avant d'aborder ces vertigineux domaines.

2. *Cf.* le livre de Hubert Deschamps, *Les Religions de l'Afrique noire*, PUF (épuisé).

« fétichisme » ou d'« animisme », pourraient nous offrir quelques leçons si on daignait leur prêter attention :

- *L'hymne à la vie, à toute la vie*

La valeur suprême, c'est la force vitale. L'énergie, au sens que donne au mot Teilhard de Chardin. « Les pratiques religieuses ont pour but de renforcer la vie (...) en mettant en œuvre les forces naturelles[1]. » Le bonheur, c'est la plénitude de cette force. Le malheur ou la maladie, son amoindrissement. Cette force vitale n'est pas limitée à l'homme vivant, mais s'étend aux morts et à la nature. Elle y circule à la manière d'un courant électrique, avec des accumulateurs de force (certaines personnes, certains autels...). Cette circulation de la force vitale unit l'homme à l'ensemble de la nature. D'après les Dogon, « l'animal est le jumeau de l'homme ». Et à chaque homme correspond un animal, « l'*alter ego* animal ». Quand l'animal est tué, l'*alter ego* meurt... De même, quand les Kikouyou du Kenya débroussaillent, ils laissent un arbre de loin en loin pour que viennent s'y réfugier les esprits des arbres abattus. Et avec la terre — terroir et territoire — la plupart des tribus africaines ont conclu de véritables alliances, riches en respect et en rituels.

1. *Ibid.*

Il s'agit d'une communion, d'une fraternité avec la totalité du monde. Par rapport à elles, on ne peut s'empêcher de juger restreintes, rabougries nos philosophies qui ne s'intéressent qu'à l'humanité seule.

Face à ce dialogue permanent, à cette *sympathie* généralisée, nos campagnes (utiles) de « défense » des animaux ou de « protection » de la nature paraissent quelque peu pathétiques, dérisoires. Que le monde moderne ait besoin de Brigitte Bardot ou de partis écologistes pour lui rappeler de s'intéresser à la nature, quelle preuve de notre rétrécissement, de notre assèchement !

• *La communauté*

En Afrique, l'individu n'est qu'un maillon. Il appartient à une chaîne qui le relie aux morts et aux vivants de son groupe. L'isolement est un désastre, la rupture du circuit de la force vitale, la certitude d'une existence amoindrie, rapetissée, méprisable. La hiérarchie est stricte et unanimement respectée : au sommet, les morts, gardiens des règles, maîtres des punitions et des récompenses ; suivent les aînés, intermédiaires entre les vivants et les morts et, pour cela, détenteurs de la sagesse. Les cérémonies collectives renforcent encore le ciment entre les uns et les autres. Et la vie, qu'on ne doit braver sous aucun prétexte, se déroule entre des forêts d'interdits quotidiens.

La religion définit ainsi une société très disciplinée, ritualiste, voire rigide, à l'opposé de nos images de fêtes perpétuelles plus ou moins orgiaques...

On a connu en France ce monde stable où chacun se tient à sa place et s'en trouve rassuré : l'Ancien Régime. Saint-Simon, on le sait, lutta farouchement pour le respect scrupuleux de l'étiquette. Il avait compris qu'au premier accroc, c'est le tissu entier qui s'effiloche.

Cet univers mental, cet ordre du monde, l'islam l'a accepté. Le catholicisme l'a combattu. La colonisation, la modernisation, l'urbanisation l'ont durement ébranlé. L'univers demeure, mais honteux, souterrain, incomplet. Les Africains vivent avec une mémoire brisée.

On comprend mieux, dès lors, la multiplication des sectes en Afrique. De tout temps, des « prophètes » ont surgi, des « églises indépendantes » ont entraîné des foules. Ainsi, en Côte d'Ivoire, à partir de 1914, William Wadé Harris, ancien matelot qui avait reçu la visite de l'ange Gabriel et dont un disciple, le dissident Aké, prônait la communion sous les espèces du Pernod 45 ! Le phénomène continue, surtout au Zaïre et dans la région des Grands Lacs.

Beaucoup plus sérieuse et régulière est l'extension (résistible ?) de l'islam. Nul besoin d'être spécialiste pour en recenser les raisons : simplicité du dogme et des règles (un seul Dieu ; ceci est bien, ceci est mal) ; importance de la prière, notamment collective ; convivialité (les mosquées sont aussi des centres de rencontre, des sortes de maisons des jeunes) ; tolérance vis-à-vis des croyances anciennes (la plupart des Africains croyaient déjà en un Dieu supérieur unique ; pour le reste, tout ou presque est compatible avec l'islam, en tout cas l'islam africain) ; exemplarité des maîtres (en principe, l'islam n'a pas de clergé ; mais ses imans ou ses marabouts mènent une vie plus austère, plus respectueuse des règles que bon nombre d'évêques polygames et enrichis...).

En répétant « intégrisme, intégrisme », on se cache la réalité : l'islam répond efficacement à quelques besoins irrépressibles, le besoin religieux, sans nul doute, mais aussi celui de chaleur, de communauté... Est-ce pour nous un signe de « bonne » modernité que de ne plus ressentir pareils besoins ? A-t-on jamais bâti une civilisation sur la solitude ?

[illegible]

Grands témoins 4

Michel Aurillac

Lorsque Jacques Chirac le choisit comme ministre de la Coopération aux premières heures de la cohabitation (1986-1988), Michel Aurillac a déjà « l'Afrique à cœur[1] ». Depuis son premier séjour à Dakar, en 1949, comme stagiaire à la direction du service économique de l'A.E.F. (Afrique équatoriale française), il a multiplié les approches de terrain : on le retrouve en 1958 au Tchad, au Gabon, en République centrafricaine et au Congo pour participer à l'élaboration des nouvelles constitutions, puis comme conseiller de Senghor pendant quatre années. Il s'implique dans l'élaboration du rapprochement entre le Sénégal et le Mali, assiste à leur rupture. Aussi, quand il se présente rue Monsieur en 1986, s'appuie-t-il sur une solide expérience.

« Ce continent, explique-t-il, n'a pas sur les choses le regard que nous lui prêtons. Par exemple, l'Afrique noire offre l'alternative d'un islam tolé-

1. Titre de son livre paru en 1987 chez Berger-Levrault.

rant. Si l'islam peut avoir un autre visage que l'intégrisme musulman, c'est en Afrique. Nous avons une grande leçon de sagesse à recevoir du continent. Au sommet islamique de Dakar (1991), le président Diouf a salué la présence dans la salle de tous les chefs religieux chrétiens. Aurait-on imaginé cela à Alger ou Téhéran ? J'ai eu l'occasion de voir un archevêque intervenir auprès du président sénégalais pour faciliter le pèlerinage à La Mecque de sa petite nièce ! Quand un monseigneur est sacré à Dakar, tous les marabouts sont présents. L'Afrique nous envoie un message de tolérance et de solidarité qui éclate malheureusement avec l'urbanisation, destructrice de racines. Cette solidarité va de pair avec le respect du sage, de l'ancien. Les sociétés africaines sont des sociétés jeunes où, à l'inverse des nôtres, le vieillard fait prime. Hassan II a dit : "Le jour où l'on ouvrira la première maison de retraite au Maroc, notre société sera en voie de destruction."

« Nous portons pour notre part une très lourde responsabilité dans la crise du continent africain. Au moment des indépendances, on a exporté des modèles économiques administrés et étatisés qui ont longtemps contribué à l'enfoncer. Les pays indépendants voulaient tous avoir les signes extérieurs de la puissance étatique, y compris dans les pays anglophones comme le Ghana.

« Si les agriculteurs africains se sont modernisés, les mouvements browniens des prix les ont découragés. Quand une O.P.A. est lancée, quand une *opération semble étonnante sur une valeur boursière, on suspend les cotations, on s'entoure de garanties pour s'assurer que tout est en règle. On a moralisé les bourses de valeurs. Cette sécurité est absente des bourses de matières premières à qui manque une police mondiale vérifiant la transparence des transactions, arrêtant la spéculation, établissant la liberté de concurrence. On critique la basilique de Yamoussoukro. Mais son prix n'est rien, comparé à ce que les producteurs de cacao ont perdu sur les marchés mondiaux !*

« Quant à la démocratie, comme la liberté, elle est inséparable de l'espérance. Sans elle, il n'y aura pas de démocratie sincère et les pays risqueront encore de s'abandonner à toute sorte d'aventures. En outre, je croirai à la démocratie en Afrique quand je serai sûr qu'elle a coupé ses liens avec le tribalisme. Une ligne de la nouvelle constitution du Burundi précise : "Les partis se forment librement à condition de n'avoir ni base ethnique ni base religieuse." Je leur souhaite du courage pour appliquer cela ! A ceux qui me demandent conseil, je dis : Veillez à ne pas remplacer une nomenclature par une autre. Quand vous sentirez le poids de la tribu, de la famille, des petits parents qu'on vous demande de placer, que ferez-vous ? Si vous dites non, vous aurez du courage. Il n'est pas sûr que vous teniez longtemps...

« L'évolution en Afrique du Sud au lendemain du oui des Blancs au référendum sur la poursuite

des réformes peut être une chance extraordinaire pour le continent. Il faudra que les Blancs acceptent les conséquences de leur vote. Que les Noirs n'aillent pas trop vite ; qu'ils considèrent les Afrikaners comme des concitoyens de plein exercice, sans leur faire payer leur conduite autistique passée.

« Je crois enfin qu'il faut restaurer l'équilibre des relations économiques avec l'Afrique pour permettre à ces sociétés d'être respectées. L'élévation du niveau de vie entraînera forcément une meilleure maîtrise de la démographie. La poésie, la littérature, la musique, toutes ces valeurs de l'Afrique doivent être exaltées. »

Patrimoine 2

Indifférence et bonne conscience

La France, directement par son ministère des Affaires étrangères, le ministère de la Coopération et divers organismes (Caisse centrale de Coopération, etc.), et indirectement via le Fonds européen de Développement, verse chaque année à l'Afrique noire une trentaine de milliards de francs.

Sans compter les dons privés.

Or, pendant ce temps-là, les études sur l'Afrique manquent de plus en plus de moyens. On a connu des générations d'africanistes. On les a laissées se tarir.

Étrange politique de colin-maillard. Faut-il s'intéresser de moins en moins aux pays qu'on aide de plus en plus ? La bonne conscience doit-elle s'appuyer sur l'indifférence ? Cette paresse de la curiosité s'apparente au mépris et augure mal de l'avenir.

Michael sur un arbre perché

Une communauté de l'État du Plateau, au Nigeria, a lancé un appel à l'aide en vue de persuader un de ses membres de descendre de l'arbre sur lequel il vit perché depuis cinq ans. Toute forme de persuasion a échoué, pour l'heure, à le convaincre de revenir parmi les siens. Y compris les prières et le recours à la médecine traditionnelle des Mhweli.

Michael, qui a deux épouses et neuf enfants, a grimpé sur cet arbre en 1987 après avoir été traité pour une maladie. Il n'est jamais redevenu malade depuis qu'il vit perché et n'est tombé à terre qu'une seule fois. Il ne consent à descendre de quelques branches que pour prendre de la nourriture.

Les Alpes *made in Africa*

Le Cervin, un des plus hauts sommets alpins (4 482 mètres), n'est pas une montagne européenne, mais africaine.

Des géologues ont découvert dans son sous-sol des roches cristallines probablement issues d'un rapprochement entre les deux continents, il y a quelque cent millions d'années. Un mouvement au cours duquel la plaque africaine aurait recouvert une partie de l'Europe[1].

---

1. *Jeune Afrique*, 4 décembre 1991.

Poussières d'Afrique

Le sable d'Afrique nourrit la forêt amazonienne. Sans les petits grains rouges du Sahara transportés à dos d'alizés par-dessus l'Atlantique, il y a beau temps que l'« enfer vert » serait devenu un simple bosquet d'arbres squelettiques...

La révélation est sérieuse. On la doit à un météorologiste réputé de l'université de Virginie, Michael Garstang. Avec ses collègues du Programme de recherche international sur la couche d'ozone, grâce aussi à un déploiement de satellites et d'avions de la NASA, il a pu mettre en lumière ce merveilleux sablier intercontinental. Chaque année, les tempêtes de sable arrachent 200 millions de tonnes de minuscules cristaux à l'Afrique. Direction : l'atmosphère. Mais pas question de suspension éternelle...

« Les violents orages qui éclatent au-dessus de la forêt amazonienne agissent comme des aspirateurs géants en arrachant au ciel ces poussières », soutient Michael Garstang[1].

Calcul : sur 200 millions de tonnes aspirées, 13 millions viennent enrichir en phosphates le sol d'Amazonie, à raison de 2,5 kilos par hectare.

L'Afrique, qui ne dispose guère des devises nécessaires pour s'offrir nos engrais, fertilise le reste du monde. Si demain vous vous réveillez avec de la poussière ocre sur votre pare-brise, avant de donner un coup d'essuie-glace, il vous faudra dire « merci » à l'Afrique.

1. Article de Frédéric Lewino, *Le Point*, 28 décembre 1991.

Matières premières, matières d'hier

Matières premières, miracles de l'Afrique coloniale, mirage de l'Afrique indépendante. Richesses enfouies, puis enfuies. Café, cacao, coton, arachide, cuivre, caoutchouc, diamant. Un hoquet de l'industrie mondiale, une nausée des consommateurs occidentaux, et voilà le trésor qui fond et s'effondre. Matières premières, matières d'hier ? Facile à dire. Comment renoncer aux mythiques ressources naturelles quand on a nationalisé mines et plantations, quand on a arraché le fouet des mains du colon, quand on a cru pouvoir profiter d'une rente agricole et minière dont l'impérial XIXe siècle s'était gavé ?

Insipides, les matières premières d'Afrique ?

Retour en arrière. 1942 : de grands savants unissent leurs efforts à Los Alamos, en plein désert du Nouveau-Mexique. Il faut stopper la barbarie nazie. On met au point la bombe atomique. En 1945, l'engin est prêt. Manque seulement l'uranium, indispensable à sa mise à feu... Mal connue aux États-Unis, cette matière fissile a été identifiée en Europe. Mais le gisement est inaccessible. Il se situe en Bohême, à Joachimsthal, petite ville sudète passée sous contrôle allemand. Le salut viendra d'Afrique. A Chincolobwe, dans la forêt vierge du Congo belge, se cache une mine d'uranium. A l'époque de Stanley, les indigènes parlaient des « pierres qui luisent dans l'obscurité ». L'assistant militaire de Roosevelt a contacté l'Union minière belge, par un de ses dirigeants réfugié à New York. Un accord est conclu : tous les stocks de la société, puis sa production africaine, sont acheminés vers les États-Unis. Les bombes qui détruiront Hiroshima et Nagasaki seront bourrées de métal congolais. On aurait souhaité un apport plus pacifique, mais l'époque ne s'y prêtait guère. Et de cette apocalypse est née la paix du monde.

Sauf pour l'Afrique :

Mort à son café robusta, menacé par l'arabica colombien et brésilien, concurrencé par les cerises nouvelles d'Indonésie.

Mort à son cacao quand les chocolatiers britanniques et néerlandais veulent remplacer le beurre naturel des fèves par des matières grasses végétales non africaines.

Mort au coton du Tchad et du Bénin, chassé par les fibres synthétiques.

Mort au cuivre du Zaïre et de la Zambie, terni par l'avidité de Mobutu, victime aussi des fibres optiques et de la concurrence latino-américaine.

Mort au fer guinéen du Mont-Nimba, rentre sous terre après les assauts brésiliens de la mine géante de Carajas.

Mort à la gomme naturelle de Côte d'Ivoire, en butte à la percée du caoutchouc synthétique.

Mort à l'huile d'arachide sénégalaise, trublion exclu de la galaxie des huiles, dominée par le lobby du soja américain.

Mort à la vanille malgache, comorienne et réunionaise, superbe orchidée flétrie par la vanilline de synthèse.

Que reste-t-il de nos Afriques ? La question est mal formulée. Que reste-t-il à l'Afrique ? Voilà ce qu'il faut plutôt demander aux cambrioleurs des termes de l'échange.

Neuf pays du continent sur dix sont tributaires des produits de base pour au moins 70 % de leurs recettes d'exportation. Entre 1980 et 1990, vingt-cinq États ont même accru leur dépendance vis-à-vis des matières premières. Six seulement l'ont réduite : le Gabon, le Ghana, l'île Maurice, le Maroc, la Sierra Leone et la Tunisie. Pour les autres, c'est la catastrophe : entre 1986 et 1990, l'effondrement des cours a provoqué un manque à gagner de 50 milliards de dollars. Le pouvoir d'achat des exportations africaines a diminué de moitié en dix ans. La part de l'Afrique sur les marchés fétiches du cacao et du café a diminué respectivement de 33 % et 13 % entre 1970 et 1985.

Comment le continent peut-il asseoir sa destinée sur les dents de scie des cours internationaux fixés à Londres, New York et Paris ? Il produit des matières premières mais subit les prix, consomme la dette et recrache des illusions : la matière n'est plus première.

Bien sûr, il reste quelques métaux stratégiques : le cobalt du Zaïre, précieux pour les superalliages, le chrome et le platine sud-africains, indispensables aux aciers spéciaux et aux pots catalytiques. Ce bref catalogue épuisé, les Tropiques sont tristes au seul vu de leur valeur marchande. Les accords internationaux de stabilisation des prix ont volé en éclats. Cacao et café vont à vau-l'eau, livrés aux seules forces du marché.

Finissons-en avec l'hypocrisie. La loi du marché, c'est le développement inéluctable de la drogue. La demande est telle que l'offre suit. Et suivra. Ne pas aider les producteurs de café revient à les inciter à cultiver la coca. Le libéralisme pur et dur fait pousser la drogue — pure et dure elle aussi. Comme en Colombie ou dans le Triangle d'or, les cultures illicites seront demain les seules matières premières rentables, gagneuses de devises.

Fumées noires que nul ne songe à dissiper à temps...

Couleur café, douleur café

Afrique, couleur café.

C'est sous le soleil d'Abyssinie, l'actuelle Éthiopie, qu'ont poussé et mûri les premières cerises d'arabica. Entre 1 300 et 2 100 mètres, dans les régions du Shoa, de l'Illubabor, du Kaffa et de Harrar. Café servi sur les hauts plateaux, qui n'a rien à envier aux variétés brésiliennes ou colombiennes. Au Kenya, les petits grains ronds sont baptisés *wineys*, allusion aux grands crus vinicoles. Quant aux cafés « Bourbon », nés sur l'île Maurice, ils ont voyagé vers le Brésil (Santos), avant de revenir vers l'Afrique, sur les terrains escarpés du Kenya. Arabicas aromatiques du Burundi, grains corsés du Cameroun, cafés légers du Rwanda...

Rendre à l'Afrique ce qui lui appartient : des cafés de référence parmi les meilleurs au monde, qui pèchent par excès de modestie.

Place aux robustas. Ils représentent 65 % de la production caféière du continent. Des cafés charpentés, « longs en bouche », comme ceux de Centrafrique, du Togo et d'Angola ; cafés au goût de terroir, « franc et typé », comme à Madagascar, « fort et corsé » en Côte d'Ivoire, onctueux au Cameroun.

Sang brun de l'Afrique, passé inaperçu en Europe sur les paquets des grands torréfacteurs. Le robusta est hors marque, hors jeu. Les firmes affichent volontiers l'image valorisante des arabicas latino-américains. Elles laissent les robustas africains dans l'anonymat. En toute impunité : la réglementation française n'oblige pas les fabricants à mentionner la composition de la tasse.

Malgré ce boycott qui ne dit pas son nom, le robusta résiste, vivace. Dans l'Hexagone, il représente 55 % des importations de café (53 % en Italie, pour l'expresso notamment). Héritage colonial, souvenir gustatif : à la Libération, le robusta d'Afrique vint le premier remplacer les grains d'orge et la chicorée des années d'Occupation. Des retrouvailles qu'on n'oublie pas.

Les producteurs d'Afrique voudraient imposer un label générique pour toutes leurs variétés : une gazelle en pleine course qui symboliserait la grâce et la force de ces cafés. Le continent doit améliorer la qualité des cerises et de la sélection, soigner la cueillette et le transport, rechercher l'excellence. Mais il appartient aux grandes marques de donner droit de cité aux robustas sur les emballages, en grosses lettres, plutôt que de l'écouler honteusement sous un étiquetage anodin et grisâtre. Il appartient aussi aux pays de la Communauté de restaurer l'image des cafés d'Afrique. Plus des deux-tiers de la production du continent ne sont-ils pas consommés en Europe ?

Il serait temps de le reconnaître avec plus d'éclat : question arôme, l'Afrique est notre Amérique du Sud !

Afrique couleur café, douleur café : 70 % des recettes d'exportation de l'Éthiopie, pays des famines, proviennent du grain noir dont les cours mondiaux ont touché début 1991 des planchers historiques...

Pas dupes VI

Drogue

L'Afrique est piquée. A la Corne par l'héroïne asiatique. Sur son flanc ouest par la cocaïne andine. D'après la police française, le continent noir est une aubaine pour les trafiquants internationaux, une passoire où la poudre n'a pas d'odeur : même les chiens ne la sentent pas, à cause de la chaleur. Les douaniers ne voient rien (la corruption rend aveugle). Le trafic des drogues dures s'effectue dans des conditions de sécurité quasi absolue...

Nairobi, Addis-Abeba, Lagos, Libreville, Dakar, Cotonou, Abidjan, pistes blanches qui se démultiplient à l'infini avant de gagner l'Europe ou l'Amérique. Au départ, il y a la misère, le chômage, la vie déracinée sur le trottoir d'une ville dépotoir. On est engagé comme « courrier » pour faire le voyage au bout de la nuit, jusqu'en Asie. Là-bas, on avalera une cinquantaine de préservatifs remplis de poudre. Gare à la mort par overdose si le latex venait à céder dans l'estomac ! Retour en Afrique. On régurgite, on recoupe, on revend.

La drogue circule et pour pas cher. « Les prix

s'adaptent au climat », dit-on en Afrique de l'Ouest. La came de mauvaise qualité est consommée sur place. Avec de l'alcool et des médicaments pilés : barbituriques, amphétamines, antidépresseurs. Afrique des trafics, des illusions, de la mort dans la seringue. Circulation de l'argent sale dans le sang des démocraties. Risque de dérives mafieuses, d'une « révolution verte » interdite où le cannabis, la coca, le pavot remplaceraient le café, le cacao et le coton dévalués.

La drogue en Afrique pousse sur les ruines du sous-développement.

Tombouctou, mystère

La voici enfin, Tombouctou. Depuis le temps qu'elle se laisse désirer, cachée au bout du monde, dans un repli d'Afrique, sous les pas perdus des premiers explorateurs ! Il a fallu quitter Bamako et l'ombre de ses fromagers, longer les murs de Ségou, tendre l'oreille à la discrète musique du fleuve Niger, manquer mille fois de se rompre le cou ou de s'égarer sur les pistes brouillées par le vent. Puis elle est apparue, inattendue, sans murailles, offerte, ouverte.

La voici enfin sous la lumière du soir, couleur de chair, nue. Troublante vision d'une cité de terre crue, née d'une pâte céleste, levée à la verticale d'un astre. Tombouctou, la cité mystérieuse aux trois cent trente-trois saints. Peut-elle encore s'en remettre à un seul de ses protecteurs ?

Le désert avance et l'entoure comme l'annonce d'une mort prochaine. Les siècles l'ont égrenée avec la minutie obstinée du sablier. Reste la foi. Trois grandes mosquées, babels pyramidales hérissées de branches tordues (on dirait, la nuit, des canons), gardent son âme en islam.

Pour la prière du vendredi, jeunes et vieux affluent à l'appel du muezzin, chapelet en main, derrière les piliers en banco — argile et sable — de la mosquée de Djinguereber. C'est la pierre de touche de Tombouctou, le point de fusion entre le Coran et cette terre de rien modelée — en 1325 ! — par un architecte grenadin, poète et fin lettré, que l'empereur du Mali ramena d'un pèlerinage à La Mecque.

Surgit une masse sombre et de guingois, Sankoré, la mosquée-école, reine des universités coraniques, quand Tombouctou brillait jadis, capitale afro-musulmane superbement enclavée, déjà, mais tellement fréquentée. Grande est Sankoré. Un imam l'a reconstruite au XVIe siècle aux dimensions du sanctuaire sacré, la Kaâba de La Mecque, mesurée à l'aide d'une cordelette.

Mais il faut un autre point cardinal au visiteur désorienté. Il reprendra ses esprits à l'ombre de la mosquée de Sidi-Yaya, protégée par sa tour crénelée qui lui donne l'apparence, incongrue ici, d'un édifice médiéval. Elle abrite l'un des saints les plus aimés de Tombouctou. La ville l'attendit pendant quarante ans et le reçut comme un sauveur

Mais qui, à présent, sauvera les vingt mille Tombouctiens repliés sur leur passé, encore persuadés que leur cité est demeurée le centre du monde ? Suprême isolement, suprême ignorance.

L'obscurité gagne les ruelles. On se râperait les coudes contre les murs. De petites lampes à pétrole s'allument, pareilles à une allée de feux follets. Réfugiés dans leurs maisons cubiques, les bourgeois lisent à cette lueur tremblotante, peut-être des récits de grandeur. A moins qu'ils ne visionnent un film de karaté sur leur appareil vidéo, seule compromission de Tombouctou avec la modernité les jours avec électricité...

D'autres lumières, au coin des plus vieilles rues. Ce sont de minuscules fours coniques à gueule rouge d'où sortent des pains immangeables, craquants de sable. Quelques flaques, miroirs éteints, témoins de pluies oubliées, servent de lavoirs.

Mais impossible de dévisager ces femmes à peine apparues, trop vite disparues, voilées, cloîtrées. Seulement les enfants et des hommes aux longues silhouettes enturbannées, portant chacun une part du mystère de la cité. Tout est enfui. Sauf le bel hier du « puits » (*tin*) auprès duquel une dame du temps passé, Bouctou, s'installa en compagnie d'une poignée d'esclaves noirs pour le salut des caravaniers et des aventuriers du désert. « Tombouctou la musulmane, la ville dont le sol n'a jamais été souillé par le culte des idoles[1] », a conservé dans son centre Ahmed-Baba plusieurs milliers de manuscrits, vestiges de son rayonnement intellectuel. Qui se rendrait sur les dunes

1. *Cf. Tombouctou*, édité par le comité de jumelage Saintes-Tombouctou.

voisines, une pelle à la main, découvrirait sans doute des livres perdus. Ou surprendrait sur les chemins de sable quelques vieux rêveurs, las de pousser leurs pions sur les damiers d'antan, pensant au thé du soir.

Restaurée en pierres d'Alhore, similigranit, la maison à étages de René Caillé, sanctuaire sans lumière, aux rares fenêtres. Petite déception : 4 500 kilomètres parcourus depuis l'Aunis pour disparaître, l'espace d'une convalescence, sous cet alignement de pierres pâlotes, tout juste accueillantes. Exténué, Caillé trouva Tombouctou moins belle que dans les récits à enluminures des érudits arabes. Il ne fut pas le seul. « Où sont les coupoles rutilantes, les sacs de poudre d'or et d'ivoire, les caravanes dont parlent les livres ? » s'étonna Paul Morand, de passage dans la ville en 1928. Albert Londres, qui marchait sur ses pas, lui répondit : « Qu'ont donc les Blancs contre la cité fameuse ? Tous y sont allés pour y voir le mystère et, paraît-il, ne l'ont point vu. Le mystère ne se voit pas, mes amis. Il se sent. Il s'exprime sans voix, comme un sourd-muet. »

Dunes immenses, lisses comme le cuir d'un chameau. Un seul mystère vaut d'être élucidé : comment vivre à Tombouctou, loin de tout. Trois années durant, on n'a plus entendu le moteur d'un avion, sauf celui, crachotant, du vol militaire hebdomadaire. Cordonniers et forgerons, tisserands et maroquinières, les artisans se sont fédérés sous la houlette du Bureau international du Travail

(BIT) pour offrir aux rares escouades de touristes les articles du Tombouctou éternel. Sandales de cuir et tapis muraux, cadenas tamacheks, sabres, sacs et couteaux, boucles d'oreilles, colliers et bracelets en « or » de Tombouctou (une paille de riz mûr teintée au miel). Les chameliers des caravanes de sel achètent parfois un harnachement. Les apprentis de Tombouctou fuient vers Gao et la goudronnée, tentent le voyage vers la capitale, qu'ils s'étonnent de trouver plus vaste que leur ville natale. Ceux-là découvrent qu'on les a laissés sur le sable, que le monde a changé, que les étrangers ont entendu parler de Tombouctou sans même savoir qu'elle est fichée entre les galbes désertiques du Mali.

Mais la vie l'emporte. D'immenses trous creusés en entonnoirs renferment, tels des joyaux, les légumes vainqueurs du sable, tomates et concombres, salades et courgettes. Tombouctou se convainc jour après jour que son histoire saura la préserver de l'oubli.

Troublante sérénité d'un petit bout de monde réfugié sur son tas de sable, tantôt berceau, tantôt tombeau, mais sûr de son salut au-delà. « Le sel vient du Nord, l'or vient du Sud, l'argent vient du pays des Blancs », assure un très ancien proverbe.

Le Dakar, une petite récolte...

Sur la route du « Dakar », il y a des poètes, des hommes généreux sans casques ni cuirasses. S'ils tendent la main, c'est pour aider. Le rallye ne leur rapporte rien d'autre qu'un souvenir fugace et coloré, parfois brutal. Leur voix est couverte par le hurlement des moteurs, et la poussière soulevée par les engins pressés dissimule leur regard.

En novembre 1989, un mois avant le départ de l'épreuve, on est allé les écouter au calme. On a pris le temps. Ils disaient de belles choses, simples et justes, ces figurants invisibles. Les vrais artistes du « Dakar ». La caravane passe ; ils sont encore là. Debout.

« Ce spectacle est enrichissant pour nos jeunes qui n'ont jamais vu de tels engins. La nuit, quand les camions allument leurs six phares, cela ressemble au jour. C'est une fête, mais une fête qui fait peur. Il faut la regarder de loin. »

(*Un alphabétiseur targui du Mali*)

« Une fête qui apporte la mort n'est plus une fête. Nous aimons les compétitions, les courses de chevaux ou de chameaux. Mais le Paris-Dakar est un spectacle regrettable. Au début, tout le monde se précipitait. Après les accidents, on a appris à se méfier. »

(*Un chef targui*)

« Une semaine avant le passage de l'épreuve, un crieur avertissait chaque jour la population des dangers à trop s'approcher. Il criait à tue-tête. C'est lui que le convoi a écrasé. »

(*Un villageois*)

« Ils filent sous nos yeux comme des balles. On dirait qu'ils veulent se donner la mort ou la donner aux autres. »

(*Un autre chef targui*)

« Il souffrait d'une plaie ouverte au genou. Nous l'avons soigné à la nomade, avec une feuille de l'arbre à tanner et de l'eau très chaude. Il est reparti sur sa Yamaha 600. Il pense à nous envoyer tous les ans un cadeau. »

(*Un Targui à propos d'un motard hollandais accidenté près de son campement*)

« J'ai vu un jour un camion rempli de motos cassées et de gens blessés comme s'ils revenaient de la guerre. Il paraît qu'il faut verser beaucoup d'argent pour participer. Nous, si nous en avons, nous le donnons à une vieille tante. »

(*Le commandant du cercle* [préfecture] *de Diré, sur le fleuve Niger*)

« Les concurrents s'intéressent aux performances de leurs engins. Mais nous qui vivons là, ont-ils le temps de nous apercevoir ? On aimerait créer des liens. Le Mali est un pays de coutume. Un adage dit que nous devons être l'esclave de notre étranger. Mais ils passent si vite... »

(*Le même commandant*)

« On parle beaucoup des morts sur le tracé. Les organisateurs prétendent que la responsabilité revient aux personnes qui marchent dans les rues. Mais si une chose n'est pas à sa place, dans les villages, ce sont les véhicules lancés à cent kilomètres/heure. Beaucoup de Maliens se fichent du rallye. Ils ont l'impression que les Européens viennent ici pour se moquer d'eux. »

(*Un expert malien du développement*)

« On ne sait même pas qui est là-dessous ! »

(*Un paysan curieux*)

« Si on leur indique la bonne direction, ils sont très généreux. Ils donnent un paquet de cigarettes ou une boîte d'allumettes, des biscuits et même un peu d'argent. »

(*Un jeune spectateur*)

« Un gars du village l'a acheté à une équipe, il y a plusieurs années, pour une bonne somme. Il a fait confiance aux Blancs, mais le camion n'a jamais marché. »

(*Un coopérant au Mali, devant la carcasse blanchâtre d'un camion hors d'usage du rallye*)

« Ceux qui sont venus dans nos boutiques refusaient de payer. Ils voulaient échanger nos poignards et nos objets traditionnels contre des tee-shirts du Paris-Dakar ou des blue-jeans. C'était décourageant. »

(*Akourou, cordonnier à Tombouctou*)

« Le premier rallye nous a donné du travail pendant soixante-douze heures, jour et nuit. Pour des tâches de soudure et de manutention, essentiellement. Maintenant, ce sont des véhicules exceptionnels qui nous embarrassent. Les tableaux de bord ressemblent à des ordinateurs ou à des commandes d'avion, avec un volant minuscule et tous ces boutons... C'est beau ! »

(*Un mécano de Bamako*)

« J'aimerais que notre pays, qui est exploité sur le terrain de l'aventure, soit payé en retour de médicaments et de vivres. Je n'en aurais pas honte, car nous sommes pauvres. »

(*Le patron du centre « d'auto-démolition » [!] du Mali*)

« N'attendez pas de grande cérémonie. Le Paris-Dakar, c'est une petite récolte. »

(*Un artisan de Tombouctou*)

Poisson

Sait-on que deux pays, parmi les plus pauvres d'Afrique, la Tanzanie et l'Ouganda, capturent à eux seuls plus de poissons d'eau douce que les trente pays d'Europe ?

Le potentiel n'est pas illimité, mais les experts sont d'accord pour reconnaître que les grands systèmes fluviaux et lacustres d'Afrique — comme le bassin du Niger, le lac Tchad et les grands lacs d'Afrique orientale — pourraient supporter une exploitation plus intensive.

(Édouard Saouma, directeur général de la F.A.O.)

Or noir

L'Afrique, puissance pétrolière ? La question vaut d'être posée. Contrairement aux idées reçues, le continent est riche en or noir. Mais le potentiel est sous-exploité, et les gisements très inégalement répartis au sud du Sahara, qui détient pour au moins cent vingt ans de réserves au rythme actuel de consommation. Angola, Nigeria, Cameroun, Mozambique, champ géant de Rabbi-Kounga (Gabon), zones off-shore du Soudan et de Tanzanie : les Eldorados ne manquent pas. D'autres réserves prouvées dorment dans le golfe de Guinée, en Côte d'Ivoire, au Niger, en République Centrafricaine, au Sud Soudan, au Tchad et dans la fameuse vallée du Rift.

Mais l'Afrique pétrolière est un miroir brisé. Une coopération s'impose. Elle passe d'abord par une relance de la mise en valeur. L'Afrique — paradoxe singulier, compte tenu du passé colonial — reste un continent sous-exploré. A titre d'exemple, 2 303 puits ont été forés en Amérique latine en 1987, contre 237 dans la partie subsaharienne du continent ! Or le sous-sol n'est pas ingrat avec ceux qui le sondent :

« Le taux de réussite a été bon, notait la Banque Mondiale en 1990. Dans le golfe de Guinée, on a enregistré une découverte pour 2,5 puits d'exploration, contre une moyenne mondiale de 1 pour 5,6. En outre, les coûts de production sont compétitifs par rapport à ceux de régions comme l'Alaska, l'Indonésie et la mer du Nord, qui ont fait l'objet d'une exploration et d'un développement intensifs malgré des conditions physiques difficiles. »

Dans les pays déjà producteurs, les experts estiment que les risques et les coûts de mise en valeur des gisements off-shore sont « relativement faibles ». Pour les pays de l'intérieur (Niger, Tchad, République Centrafricaine), l'obstacle principal demeure le coût de l'infrastructure et du transport de la marchandise hors des frontières.

C'est aussi en Afrique sub-saharienne que l'approvisionnement pétrolier est le plus cher au monde. L'inefficacité des raffineries rend les exportations non viables, le coût du raffinage étant presque trois fois plus élevé que partout ailleurs... « Les pénuries de devises conduisent les pays à acheter le pétrole en petites quantités, ce qui ne leur permet pas de profiter de la conjoncture du marché », explique la Banque Mondiale.

A ce stade, deux options complémentaires s'offrent aux pays africains pour faire sauter le double verrou exploration/exploitation :

- Attirer les compagnies pétrolières internationales grâce à des codes d'investissement souples et à des régimes fiscaux non prohibitifs. (Mais en évaluant les vrais bénéfices réalisés par ces firmes, au besoin par des audits. En 1991, le Congo a ainsi demandé un audit au cabinet Arthur Andersen sur les activités d'Elf).

• Rationaliser l'exploitation des raffineries en instituant une coopération régionale ou sous-régionale qui, d'après les premiers calculs effectués, économiserait plus de 300 millions de dollars par an. Il s'agirait aussi de moderniser les installations vétustes ; d'abolir les mécanismes obscurs de prix des produits pétroliers garantissant des rentes personnelles ou parapubliques... ; d'éliminer les entrepôts inutilisés, les stocks stratégiques superflus (Côte d'Ivoire).

« Le Togo est un exemple particulièrement intéressant, souligne la Banque Mondiale. On a fermé la raffinerie locale, qui n'était pas rentable, et on a transformé certaines de ses installations en un dépôt par lequel transitent les produits réexportés vers d'autres pays de la région, soit à l'intérieur (Burkina Faso, Mali), soit le long des côtes (Guinée, Liberia). Le dépôt de Lomé fait des bénéfices. Auparavant, la raffinerie travaillait à perte. »

Il faut avoir en mémoire qu'en 1970, 40 % des importations européennes de pétrole venaient d'Afrique (contre 4 % en 1960). Leur part est tombée à environ 25 % en 1989, « par suite de la mévente des bruts africains dans un contexte de concurrence internationale », explique le Comité français du Pétrole.

Il serait imprudent de négliger l'Afrique sur l'échiquier énergétique mondial au lendemain d'une guerre du Golfe qui a montré l'extrême concentration des sources d'approvisionnement. Avec une production de 2,2 millions de barils/jour (dont 84 % sont exportés), elle compte pour 9 % de l'offre mondiale. Les réserves prouvées (20,5 milliards de barils) représentent 2,3 % du total identifié à travers le globe.

« De nouvelles prospections révéleront des réserves encore plus abondantes », prédit la Banque Mondiale.

En attendant, la niche pétrolière est une bonne affaire :

- pour Elf, premier producteur du continent, au Gabon, au Congo, au Nigeria et en Angola ;
- pour Total, premier distributeur en Afrique, avec des installations dans trente-deux pays et des participations dans six raffineries ;
- pour Bouygues, constructeur de plates-formes pétrolières au Nigeria, au Congo et en Angola.

Pour ces entreprises, le noir est l'autre couleur de l'or.

Noblesse[1]

Depuis des temps immémoriaux, le sultan (ou *lamido*) de Reï Bouba règne sur une (petite) partie du Nord Cameroun. Relais de l'administration centrale, mais surtout autorité religieuse, c'est un des chefs traditionnels les plus respectés de l'Afrique centrale. Chaque soir, on échoue les pirogues sur le bord du Mayo-Reï, le cours d'eau qui marque la limite des terres, et le sultanat, coupé du monde, s'endort en lui-même.

Durant la guerre de 14-18, lorsque les Allemands occupaient le Cameroun, le sultan sut garder ses distances. Pour le récompenser de sa neutralité, les Français respectèrent son autonomie. Et la légende de Reï Bouba s'en accrut encore, dont parle André Gide dans le *Retour du Tchad*[2].

En 1948, le ministre de la France d'Outre-mer,

1. Cette histoire vraie nous vient, comme tant d'autres parmi les plus belles d'Afrique, de Philippe Decraene. *Cf. Le Monde*, 18 février 1979.

2. Gallimard, 1928.

alors Paul Coste-Floret, visite le Cameroun et gagne le Nord. Branle-bas chez les autorités coloniales. Le commandant du Cercle (la préfecture) de Garoua convoque tous les chefs, sultans, émirs de la région. Le maître de Reï Bouba fait savoir qu'il ne pourra déférer à cette aimable (et autoritaire) invitation. La tradition l'interdit : pour d'obscures et lointaines raisons de haines et de mépris, « le *lamido* de Reï ne saurait fouler la terre de celui de Garoua ». Colère du commandant du Cercle. Mouvement de menton : qu'il vienne ou je le coffre !

Au jour dit, arrive à Garoua le sultan de Reï Bouba. Pour n'enfreindre aucune loi, administrative ni traditionnelle, il a trouvé la recette : il voyage en cortège, précédé de tous ses sujets, porteurs de calebasses. Dans les calebasses, la terre de Reï qu'on jette à la volée devant le palanquin du *lamido*.

Ainsi avance à la rencontre du ministre, en pays étranger mais sur sa propre terre, le sultan de Reï Bouba...

Enrichissement

La société africaine traditionnelle se protège d'une irruption possible de l'économie qui viendrait perturber la structure sociale ; elle se protège des gens plus performants qui accumuleraient et remettraient en cause l'ordre établi.

Tout un ensemble de règles régissent les comportements pour qu'il en soit ainsi. Et si les règles ne suffisent pas, le pouvoir se charge de rappeler à l'ordre les contrevenants.

L'historien sénégalais Mbodj rapporte que, dans l'ancien royaume du Sine, l'enrichissement d'un homme du commun était considéré comme subversif. Le souverain expédiait ses guerriers pour piller ce parvenu ou il lui rendait visite, accompagné de sa cour ; tout le monde vivait aux dépens du nouveau riche pendant plusieurs jours, et le souverain repartait chargé de cadeaux et ayant ainsi ramené les richesses de son sujet à un niveau tolérable.

Dans l'Afrique des années 1990, peut-on s'enrichir sans la permission du prince[1] ?

---

1. *In* Jacques Giri, *Société et développement en Afrique au sud du Sahara*, CCCE, octobre 1991.

Le Club des amis du dernier samedi du mois

« La tontine est un diamant. Symbole de confiance et de fidélité, elle brille des mille significations que lui prêtent ceux qui l'admirent. Comme le diamant, elle cristallise dans sa pure densité les symboles d'une société. Comme lui, elle suscite la passion, elle est précieuse et on la protège. Comme lui, elle est éternelle. Comme pour lui, sa rentabilité la plus strictement économique, sa qualité la plus parfaitement marchande, tiennent à la richesse impalpable de ses reflets. Sa valeur reste invisible aux yeux étrangers. A l'instar du diamant qui n'apparaîtrait pour un paysan de la brousse que comme une verroterie particulièrement profitable, elle risque de n'être, aux regards des économistes occidentaux, qu'un banal système utilitaire[1]. »

1. Conclusion de l'ouvrage *Tontines et banques au Cameroun*, de A. Henry, G.-H. Tchente, P. Guillerme-Dieumegard, éd. Karthala. Pour un examen précis des mécanismes et du fonctionnement des tontines. on se reportera utilement à cet

Continuons le jeu de la devinette.

La tontine n'est pas exclusivement africaine. On la rencontre aussi en Asie et en Amérique latine. Mais elle est à ce point imbriquée dans la société africaine, en tant que source et lieu d'expression des relations sociales et des valeurs collectives, qu'elle y est probablement née.

Alors, qu'est-ce que la tontine ?

Le principe en est largement connu. Dans sa version la plus simple, les membres de la tontine se réunissent selon une périodicité fixée — toutes les semaines ou tous les mois — et versent à chaque réunion une cotisation. L'ensemble de ces cotisations est attribué, selon un ordre établi à l'avance, ou parfois par tirage au sort, à l'un de ses membres. Chacun perçoit à tour de rôle la cagnotte qu'il utilise à son gré. Il n'y a donc ni création monétaire, ni crédit à proprement parler dans la mesure où au terme du cycle — c'est-à-dire lorsque tous les membres de la tontine auront été servis —, chacun aura perçu ce qu'il a apporté.

A certaines tontines plus élaborées sont annexées des caisses spécifiques à cotisation fixe ou variable, ayant une fonction soit d'assurance en cas d'événements graves, soit de caisse d'épargne avec rémunération. Les banques traditionnelles ne voient

---

ouvrage ainsi qu'au document « Les Tontines en Afrique (rôles et évolutions) », de F. Baulier, A. Corrèze, A. Lebissonnais, C. Ostyn, Caisse centrale de Coopération économique (CCCE), *Notes et Études*, n° 12, septembre 1988.

pas d'un bon œil la création de ce type de caisses qui leur font une concurrence directe.

Le troisième type recouvre les tontines à enchères capitalisées. Le tour est attribué au plus offrant, et non selon un ordre préétabli, après une enchère. Le gagnant reçoit la cagnotte, diminuée du montant de son enchère. La prime d'enchère est ensuite fractionnée et les « petits lots » ainsi constitués sont à leur tour mis aux enchères. Ils constituent le marché secondaire, par opposition au marché principal constitué par le gros lot.

« Club d'amis » se réunissant à date régulière chez l'un d'entre eux (le coordinateur), la tontine, dont aucun texte juridique ne régit le fonctionnement, pourrait apparaître à la fois comme informelle et peu contraignante. En réalité, les codes qui la gouvernent sont extrêmement précis et particulièrement rigides. A un règlement intérieur très strict, tarifant par exemple les retards de paiement de la cotisation, mais également les irrégularités de présence à la séance périodique, ils ajoutent une forte pression morale et sociale de l'ensemble du groupe sur chacun de ses membres.

A cet égard, si l'utilisation de la cagnotte est bien libre, le groupe attend de chaque bénéficiaire qu'il en fasse le meilleur usage. Pour ce faire, le groupe prodigue des conseils et des aides de toute nature.

Le bénéficiaire ne reçoit donc pas exclusivement une somme d'argent, mais une sorte de « service complet » et, de surcroît, de très longue durée. Cela explique sans doute la remarquable efficacité des tontines. L'artisanat de production ou de service, les commerces divers qui font la prospérité du secteur informel africain sont dans bien des cas financés par les tontines.

La tontine lie ainsi, à un point qui nous est difficilement concevable, relations de confiance interpersonnelles — « relations d'amitié » — et affaires.

Si le prétexte et l'objectif sont aujourd'hui principalement financiers, le fondement de la tontine est d'abord profondément social. De ce point de vue, l'opposition de conception entre les tontines et les banques est total. Cette opposition est tout entière contenue dans le slogan qu'avait lancé il y a quelques années une grande banque française : « Votre argent m'intéresse », aux antipodes du principe fondamental de la tontine pour laquelle toute adhésion implique une cotisation conjointe de solidarité et d'argent.

Apprécier les tontines en termes de concurrence avec les banques reviendrait à ignorer que la tontine est avant tout la traduction, dans les relations financières, des codes sociaux africains : connaissance et reconnaissance mutuelles, rapports directs et collectifs, recherche de l'absolue confiance, solidarité, sens de la fête, respect de la parole et de l'engagement, primauté de la relation humaine.

« L'argent est bon, mais l'homme est meilleur,

car il répond quand on l'appelle », dit un proverbe bamiléké.

On ne voit pas quelle banque pourrait le faire sien.

Il serait tout aussi absurde de vouloir, dans le but d'accroître le rôle des tontines dans le développement, les amener à se transformer en organismes financiers de type bancaire.

Cependant, les tontines évoluent et s'adaptent en permanence : par exemple, en introduisant le versement monétaire il y a une cinquantaine d'années, ou, plus récemment, en inventant de nouvelles techniques d'allocation des fonds. Parce qu'elles sont le lieu privilégié d'imbrication entre les rapports sociaux et les rapports d'argent, elles sont un fantastique terrain d'analyse de ces rapports et de leur évolution en Afrique.

Parce qu'elles sont en même temps un lieu de tradition et de passage à la modernité, elles sont une chance pour l'Afrique.

Proverbes

« Personne ne serait assez bête pour se détourner du social et concentrer ses efforts dans le domaine simplement matériel de la production. C'est la raison pour laquelle, avant de cultiver leurs champs, les Kiga prennent bien soin de cultiver leurs rapports de parenté. »

« Je suis Nyakagurura Wa Makubu, le fils de mon père », par J. Freedman, *in Age, pouvoir et société en Afrique noire*, Karthala, 1985.

« Aussi longtemps que les lions n'auront pas leur historien, les récits de chasse tourneront toujours à la gloire du chasseur. », *in René Dumont*, par Jean-Paul Besset, Stock, coll. « Au vif », 1992.

Grands témoins 5

Jacques Pelletier

Grand ministre de la Coopération de mai 1988 à mai 1991, homme de chaleur et de conviction, il a favorisé et soutenu la vague de démocratisation qui a traversé l'Afrique à la suite de l'effondrement du communisme. Grâce à sa fondation « Afrique en création », lancée avec fougue par sa collaboratrice Bettina Laville, il a permis l'épanouissement d'artistes de qualité jusqu'alors condamnés à la solitude.

« De toute ma vie, rien ne m'a plus ému que la résurrection du Bénin par la liberté. Lors de ma première visite, le pays était mort : fermés les écoles et les hôpitaux, vide le port, désertés les usines et les champs... Un État fantôme. Le président Kerekou, depuis des années contesté, a compris sous la pression de la rue que son temps était fini. Il a accepté de réunir une Conférence nationale où toutes les forces du pays, bien animées et canalisées par l'évêque, Mgr Desouza, se sont exprimées... et réveillées. On est allé chercher à la Banque Mondiale un expert de qualité, Nicé-

phore Soglo, pour diriger le gouvernement. Peu de temps après, il était élu président. Et Mathieu Kerekou retrouvait sagement son village du Nord...

« Notons que dans beaucoup d'autres pays aussi, on est allé chercher dans l'Église les présidents de Conférences nationales, et à la Banque Mondiale les Premiers ministres...

« J'ai vu. de voyage en voyage, le Bénin se transformer, l'activité reprendre, un pays renaître... Comme on l'imagine, ma certitude qu'en Afrique le développement est inséparable de la liberté s'en est trouvée encore confortée.

« Contrairement à beaucoup, je crois en l'avenir du continent. Pour au moins cinq raisons :

— la démocratisation, qui entraîne la transparence et donc pousse forcément à améliorer la gestion ;

— la prise de conscience de plus en plus répandue que les pays sont trop petits, qu'il faut décloisonner les marchés, constituer des ensembles régionalisés ;

— le rôle moteur prévisible de l'Afrique du Sud pour au moins un tiers du continent ;

— l'amorce de coordination entre les donneurs d'aide ;

— mais, surtout, la vitalité de la culture : une telle inventivité ne peut pas ne pas rejaillir sur l'économie. »

Patrimoine 3

Anciens

En France, on le sait, les vieux sont rejetés, parqués, oubliés.

En Afrique, l'ancien est détenteur de la sagesse et, comme tel, écouté, suivi, respecté, membre à part entière — et éminente — de la communauté.

Pour renouer avec cette tradition, Kofi Yamgname, Français d'origine togolaise, secrétaire d'État à l'Intégration, a institué dans sa commune de Saint-Coulicq (Finistère) un conseil des sages et des anciens. Organe consultatif élu réservé aux plus de soixante ans, ce conseil a droit de regard sur toute la vie communale et donne son avis sur les questions dont le conseil municipal doit débattre. Protégé, par l'âge, de la plupart des scissions politiciennes, son apport à la démocratie locale est serein. Déjà vingt-trois communes en France ont imité Saint-Coulicq et se sont dotées d'un conseil des sages.

Et l'on peut rêver : si le Sénat, au lieu d'une copie un rien plus solennelle de la Chambre basse, mais tout aussi politicienne, redevenait ce conseil des sages qu'avaient prévu les premiers constituants ?

Réfugiés

Dans le monde, un réfugié sur quatre est africain (2,8 millions sur 11).

(Haut Commissariat aux Réfugiés)

La toupie[1]

Deux objets en forme de toupie existent en Sierra Leone :

1°) Plomb taillé en cône, percé pour recevoir un manche métallique long de 25 cm. Les femmes, notamment les plus âgées, s'en servent encore actuellement pour filer le coton.

2°) Ivoire (pour les plus anciennes), noix de palmier ou bois dur taillé. Manche de 7 à 10 centimètres. Ces toupies sont réservées aux hommes.

Bref historique

Avant la colonisation, la Sierra Leone connaissait de violentes luttes interethniques et interclaniques. La « raison du plus fort » prévalait. Les

1. Propos recueillis par Daniel Meyer, directeur de l'Institut régional de Coopération et de Développement (IRCOD) auprès de Paul Lappia, chef traditionnel mendé.

garçons étaient supposés agir héroïquement en dominant leurs pairs. Tout garçon qui se plaignait auprès de son père en pleurant était violemment puni.

Toutes les activités masculines étaient basees sur la notion de conquête, les jeux compris, et notamment les jeux de toupie.

Matériel

Avant l'époque coloniale, on utilisait des toupies en ivoire, ce matériau étant symbole d'héroïsme (il fallait tuer l'éléphant avec des flèches). Actuellement, les toupies sont en noix de palmier ou en bois dur.

Règles du jeu

Trois joueurs jouent en même temps, un ou deux autres attendent leur tour. Un arbitre, gardien des toupies, contrôle la partie. Une natte (représentant le champ de bataille) est disposée sur un vieux pneu, ce qui forme un creux. Les trois toupies sont lancées, elles symbolisent les couteaux des joueurs qui sont des guerriers.

Le but du jeu est de déstabiliser les autres toupies. Celui qui fait tomber une toupie peut s'en saisir (il désarme ainsi son adversaire). Toutefois, celui qui n'a déstabilisé qu'une toupie, qui s'en saisit mais n'arrive pas, au tour suivant, à faire tomber d'un seul coup les deux autres, sera puni puisqu'il aura agi lâchement.

Pendant l'époque précoloniale, chaque toupie saisie valait trois esclaves ou prisonniers de guerre. Aussi les toupies en ivoire étaient-elles réservées aux guerriers ou aux chefs traditionnels. Actuellement, bien que le mot « couteau » soit encore employé pour désigner ces toupies, la valeur de chacune est arrêtée en début de partie. Symboliquement, elles valent toujours trois billets.

Le jeu est répandu dans tout le pays, notamment au Sud et à l'Est.

Pharmacopée, sorcellerie et industrie

Zéphirin Dakuyo, pharmacien-chef de l'hôpital de Banfora, dans la province de la Comoé, au sud du Burkina Faso, poursuit des recherches sur la pharmacopée traditionnelle. A partir de vieilles recettes, il met au point des produits et les teste sur ses malades, accessoirement sur des rugbymen. C'est le cas d'une composition à base de *Sclérocarya bierra* dont la propriété stimulante a été essayée sur l'équipe de rugby des pharmaciens de Poitiers qui, mis à l'abri des crampes, ont gagné, contre toute attente, 26 à 8, face à une équipe de professeurs de gymnastique.

Lorsque les expériences sont positives, Zéphirin Dakuyo négocie la recette avec le sorcier et fabrique pour le marché local : antipaludéens, anti-ictériques, toniques, etc.

La pharmacopée traditionnelle, qui revêt un aspect sacré et s'accompagne souvent de rituels complexes, est très développée en Afrique. Les dieux ou les démons sont considérés comme la cause des maladies que les plantes ont la vertu de repousser[1].

Longtemps rejetée par la médecine moderne, la pharmacopée traditionnelle a fait progressivement ses preuves. Elle est aujourd'hui incluse dans de nombreux médicaments. Le cas le plus célèbre est la réserpine du *Rauwolfia vomitoria*, élément de base des neurosédatifs.

Dans certains cas, même, les plantes africaines réussissent là où la médecine moderne échoue : la *Cochlospermum tinctorium*, (ou *darundé* en peul) est ainsi un anti-ictérique efficace.

La théorie des signatures mise au point par Paracelse il y a cinq siècles s'appliquerait-elle en Afrique ? D'après cette théorie, la forme, la couleur ou le goût de chaque plante désigneraient ses propriétés curatives. Ainsi la *darundé* est une fleur jaune vif qui pousse à même le sol à partir d'une racine également jaune. Elle soigne... la jaunisse !

D'autres plantes, telles la *Tinospora bakis* ou la *Carica papaya*, utilisées traditionnellement pour le même objet, ont vu leurs vertus confirmées par des expériences scientifiques.

Utilisée par 75 % des Africains, la pharmacopée traditionnelle est efficace. Son prix est de dix à vingt fois inférieur à celui des médicaments

1. *Cf.* J.-L. Pousset, *Plantes médicinales africaines*, Ellipses, Agence de Coopération culturelle et technique.

modernes. Pourquoi, alors, son développement demeure-t-il si faible ?

Résistance des consommateurs urbains qui veulent se montrer modernes, manque d'enthousiasme des investisseurs étrangers (une plante nécessite trois à cinq ans de maturation avant de produire), crainte d'épuisement des plantations...

Des entreprises de type industriel existent cependant. C'est le cas, par exemple, de Plantecam au Cameroun[1], mais les initiatives nouvelles restent exclusivement africaines et limitées.

Certaines méritent néanmoins une attention particulière, comme l'exploitation de la gomme de *Sterculia setigera* qui possède la caractéristique de pouvoir se gonfler en absorbant 250 fois son volume d'eau. Cette propriété la rend utile dans de nombreuses affections. Elle est issue du « platane du Sénégal », facilement reconnaissable : ne brûlant pas en raison de la gomme qu'il contient, c'est un des seuls arbres à subsister au Sénégal oriental.

La société Setexpharm s'est lancée dans sa production. De 100 tonnes en 1983, celle-ci atteint aujourd'hui 1 500 tonnes. La récolte est assurée par 5 000 travailleurs, essentiellement des Peuls, car les autres ethnies sénégalaises sont des cultivateurs, non des cueilleurs, et refusent cette activité à hauteur de bras.

La production, qui représente un chiffre d'affaires de 2 milliards de francs CFA, est achetée

1. Voir « Solutés » p. 113.

brute par la société Norgan, qui la transforme en France.

De la *Gloriosa superba*, donnant la colchicine qui traite la goutte, au *Combretum glutinosum* qui calme la toux, en passant par la *Vitex doniana* qui stimule, la *Lippia multiflora* qui détend, la *Kalanchoe pinnata* qui combat les otites et les maux de tête, la profusion de plantes qui soignent, apaisent, guérissent, pourrait fournir à l'Afrique une activité industrielle et salutaire.

PERVENCHE

Dans la forêt primaire de Madagascar — mais aussi ailleurs en Afrique — pousse une pervenche bleue aux propriétés remarquables. Elle fournit à ce jour le remède le plus efficace dans le combat contre la leucémie infantile.

Coupeur d'électricité au Kangana[1]

Avant-propos

Lorsqu'il a accepté ce poste à hauts risques, ce cadre a nécessairement demandé le conseil et le soutien de ses parents ou amis, ainsi que des « anciens » de son groupe d'origine. Conformément à une vision traditionnelle du monde, un tel soutien apporterait la meilleure des protections possibles, celle de l'ombre tutélaire des ancêtres contre les agissements maléfiques des féticheurs. L'accord qu'il a reçu constitue pour lui le gage tangible de la qualité sociale qui lui est reconnue par les siens.

1. Pays tout à fait réel, dont seul le nom est imaginaire. Ce chapitre est la version abrégée d'un texte de A. Henry, chef de service à la Caisse centrale de Coopération économique, et d'un chef de service à la Société d'Électricité.

Le service de la guerre

Notre service, je l'appelle le « service de la guerre ». Je vais vous expliquer pourquoi. Il y a un proverbe local qui dit : « Que l'on paye, que l'on ne paye pas, on va toujours de l'avant. » Chaque jour, nous coupons les abonnés par secteur suivant une liste vérifiée par moi tous les soirs. Nous mettons un papillon rouge autocollant sur le compteur du client après la coupure. Le papillon rouge fait honte au client. Quand ils nous voient arriver, les petits enfants se moquent : « Ton père, on coupe le courant chez lui. La Société d'Électricité est là avec le papier rouge. » Le client devient la fable des petits enfants, et la risée des femmes et des voisins. Il est l'homme indigne du jour. Il est diffamé dans son propre milieu. Mais il y a des clients récalcitrants. Mes agents ont peur, parce que certains clients les menacent avec le couteau, les poursuivent avec leur arme en criant dans la rue « Au voleur ! » pour que les gens leur tombent dessus. Alors, le samedi, j'envoie des agents par groupes de cinq chez les clients récalcitrants qui voudraient nous boxer. Comme ça, lorsqu'ils sortent ensemble de la voiture, comme des militaires, on voit leur énergie, l'enthousiasme et tout... Le client tremble, il est hypnotisé. Parce qu'il y a des clients qui peuvent aussi insulter ta femme ou ta mère et qui promettent toutes les violences. Si un client dit du bien d'un agent, c'est que l'agent est corrompu. Il y a des clients qui viennent dans mon bureau, et quand ils voient la photo de ma femme, ils me disent : « On va aller chercher ta femme. » Le client qui vient ici, il est toujours très furieux parce qu'il est diffamé dans son propre milieu. Il n'accepte pas ça. Il me dit : « Quand tu seras malade, on te verra à l'hôpital. » On me surnomme « le cause-malheur » ou aussi « Peter Botha ».

Nous travaillons aussi de 18 h à 23 h. Les gens sont paniqués parce que la Société d'Électricité travaille la nuit. Le soir, nous vérifions qu'il fait noir chez ceux qui ont été coupés. Il y a des gens en ville qui suivent les coupeurs de la Société et qui, le soir, passent pour proposer de rétablir le courant. Ils nous suivent dans les quartiers. Mais si nous les attrapons, nous les donnons à la gendarmerie. Comme on les attrape, ils ont peur.

Nous tenons bon, parce que le directeur général nous couve beaucoup. C'est un homme dur mais juste. Tant qu'il ne nous lâche pas, on reste soudés, au coude à coude. Nous tirons notre énergie du directeur général. S'il nous lâche, on devient un grain de sable, une molécule. Tant qu'il nous tient, nous ne serons jamais un pot de terre. Nous sommes une affaire de trente agents. J'ai fait partir onze personnes à cause de leur comportement. Le matin, ils coupent le client, et le soir, ils vont le rétablir en douce : ça ne permet pas une bonne image de l'entreprise. Quiconque détient une parcelle d'autorité est tenté d'en abuser quand il sent qu'il n'y a pas de contrôle.

Récemment, la direction nous a chargés de faire la facturation des abonnés « moyenne tension ». Si tous les services de cette entreprise pouvaient se souder et travailler à la chaîne comme les Chinois, ce serait une belle affaire. Quand on m'a donné ce travail, j'ai regardé terre et ciel pour voir comment travailler. Je me suis alors transporté chez les clients « moyenne tension » pour dire : « Je viens voir où vous en êtes. » J'ai trouvé un client, un Blanc qui, sur le papier, devait deux factures pour 600 000 francs. Je l'ai fait venir. On a discuté ici. Il m'a dit : « Viens avec moi, je vais te payer un verre au Palace Bar. » Chez nous, on dit que même si tu refuses ce qu'on te donne, il ne faut pas refuser l'appel. Il m'a dit : « Ça fait quinze ans que je suis dans ce pays, je n'ai jamais vu de gars comme toi. Avant toi, je me suis arrangé avec les autres. Maintenant, je vois que c'est toi qui es responsable et je vais m'arranger avec toi. Ici, sur le papier, c'est marqué que je dois 600 000 francs alors qu'en fait, je dois 3 000 000 francs. Tu n'as pas besoin d'argent ? Je paye les 600 000 francs et après je m'arrange avec toi. » Je me suis dit : « Mais quel homme je suis pour faire ça : si je fais ça, ce sera un vol scandaleux ! » Moi, je lui ai dit : « Qui peut vivre sans honneur est indigne du jour. Tu payes les 3 000 000 francs ou je coupe. » Alors j'ai envoyé les coupeurs et il a compris. Il a payé.

Comment traiter les « intouchables »

Il y a aussi des personnalités qui ont la gratuité du courant. Mais ils croient que ça doit être pareil pour leur deuxième, troisième, quatrième ou cinquième « bureaux[1] » et qu'ils sont intouchables. Aussi, si vous n'avez pas la tête sur les épaules, vous ne pouvez pas travailler. Moi je leur dis : « Monsieur le ministre, là où vous êtes, vous critiquez les entreprises publiques, mais vous ne voulez pas payer. Si vous me dites que vous voulez la gratuité pour vos "bureaux", vos gardiens, vos cousins, vos frères, vous ne méritez pas la place d'excellence. Vous devez briller par l'exemple. Dans votre famille, on ne devrait pas avoir d'impayés. Sinon, la base, quand elle le saura, n'aura plus de respect pour vous. C'est bien beau de critiquer la Société d'Électricité, mais il faut laisser à la Société les moyens de récolter ce qu'elle a semé. » Lorsque j'ai expliqué ça, il y avait un directeur de département. Il tremblait. Il disait : « On va t'arrêter. » Ils ont dit au comité du parti unique que je faisais des leçons. Mais moi, je ne dis que ce qui est vrai.

Dans les quartiers, les agents de ce service sont considérés. Ils ont un poids et les gens savent que si le client se comporte bien, le courant est rétabli.

1. Les « deuxièmes bureaux » désignent les maîtresses officielles

Pape

« L'Afrique peut offrir au monde, entre autres, l'exemple de l'hospitalité généreuse et jamais lasse, l'exemple de la solidarité qui joue si fortement entre les membres d'une famille ou d'une même tribu au point que personne ne restera sans prise en charge, l'exemple d'un sens religieux spontané qui rend familier de l'Invisible. »

(Jean-Paul II, Yaoundé, 1985.)

Ressortissant

Dans certains pays africains, comme au Togo par exemple, existe un personnage couvert d'honneurs et chargé d'une responsabilité écrasante : le *ressortissant.*

Dans une famille, un groupe ou un clan, un jeune est choisi parmi tous les autres en raison des plus grandes dispositions qu'il semble montrer : habileté, intelligence, séduction.

Il sera alors particulièrement choyé, protégé, aidé pour que la vie lui sourie et la réussite l'accompagne, en particulier dans le domaine scolaire et universitaire.

Tout le monde cotisera pour l'envoyer au collège, au lycée, puis à l'université, en France de préférence, d'où il reviendra, diplôme en poche, faire carrière, dans l'administration le plus souvent.

Alors commencera pour le ressortissant une longue vie de restitution. Il remerciera inlassablement pour les bienfaits dont il aura bénéficié durant sa jeunesse.

Primus inter pares, il sera conduit par toutes sortes de moyens à se procurer en permanence de quoi faire vivre la famille, soutenir les proches, aider le plus grand nombre. La capacité d'influence dont il disposera sera également mise au service de tous ceux qui ne lui sont pas étrangers.

L'argent et le pouvoir ainsi obtenus seront, par un juste retour des choses, immédiatement distri bués.

Paradoxe d'un investissement de long terme en capital humain qui stérilise, voire pervertit le capital ainsi constitué.

Justice

« En Afrique noire, le juge traditionnel cherche davantage à rapprocher les points de vue qu'à trancher "par le livre". En droit comme en politique, les Africains recherchent l'unanimité et sont prêts, pour cela, à engager des discussions qui peuvent paraître interminables.

« De même, les jugements visent à dégager un large terrain d'entente. Dans certains pays, la coutume fait même obligation de clore un différend par des chants et des danses, preuve que les parties sont d'accord pour préserver l'harmonie et l'entente. L'esprit est ici radicalement différent de celui qui prévaut dans les pays occidentaux où le juge interprète la loi et rend un jugement auquel les parties doivent se soumettre. »

(Mamadou Dia,
ancien haut fonctionnaire sénégalais)

La mort de Rataxès ne sauve pas Babar

Le rhinocéros d'Afrique est en voie de disparition. A 50 000 dollars la corne, les braconniers trouvent les moyens d'exercer leur métier. Il ne resterait que 6 à 8 000 spécimens, contre 180 000 il y a vingt ans.

Mais la mort de Rataxès ne sauve pas Babar.

Car l'éléphant d'Afrique, prodige de la nature et merveille pour l'enfant, est lui aussi en voie de disparition. La population, qui était de plusieurs millions d'individus du temps où il n'était chassé qu'à la sagaie, est aujourd'hui de quelques centaines de milliers (3 à 500 000). Il aura disparu dans trente ans si rien de définitif n'est fait pour le préserver.

Ces animaux gigantesques, paisibles, herbivores et gros mangeurs (300 kg d'herbe par jour pour l'éléphant) sont victimes de leurs excroissances aux vertus supposées innombrables ou au pouvoir décoratif unique.

Ou prétendus tels. Car, d'après un célèbre

groupe pharmaceutique suisse qui a procédé à des analyses poussées au début des années quatre-vingts, ces deux kilos de corne de rhinocéros qui justifient qu'on abatte un animal de deux tonnes n'auraient pas plus de qualité (analgésique, anti spasmodique, anti-inflammatoire ou aphrodisiaque) que de la poudre de perlimpinpin.

Rien n'y fait aux yeux des Asiatiques dont elle constitue un des produits de base de la médecine traditionnelle. De plus, si elle n'est pas consommée, elle est utilisée comme manche de poignard au Yémen — la *djambia* — dont la production équivaudrait à la consommation de mille rhinocéros par an.

Côté décoratif, le *Phytéliphas macrocarpa*, célèbre palmier de Colombie, fournit de l'ivoire végétal qui ressemble à s'y méprendre à son double animal. Mais, pour les marchands de Hong Kong ou du Japon qui en achètent des centaines de tonnes par an, rien ne remplace une belle et grande défense.

A l'autre bout de la chaîne, tandis que le gros inoffensif périt, le quasi minuscule dévastateur prolifère.

Ainsi, le criquet pèlerin, le *Schistocerca gregaria*, insecte saharien qui vole par bande de 4 à 5 000 au mètre carré sous un soleil de plomb, a dévasté en 1989 quatorze millions d'hectares en Afrique. On cite le cas d'un olivier du Maroc dans lequel 200 000 criquets ont été détruits ! Fléau hitchcokien, leur capacité d'adaptation et donc de résistance aux acridicides est stupéfiante.

Autre petit très méchant, de surcroît venu d'ailleurs : la *lucilie bouchère*, terrifiant vampire importé des Amériques (quelque part entre la Californie et l'Argentine), pond des centaines d'œufs dans les creux ou plaies des animaux à sang chaud. A l'éclosion, la curée est effrayante.

Disparition quasi inéluctable des uns, multiplication infinie des autres. Les plus somptueux animaux, inoffensifs et magnifiques, sont abattus sauvagement alors que l'on reste impuissant à freiner la prolifération de petites bêtes dont les dégâts sont irréparables.

Curieuse similitude, tout de même... Le rhinocéros est victime de l'amour, puisque, dit-on, du moins en Asie, ses cornes ont un pouvoir aphrodisiaque qui en fait le prix. D'un autre côté, la lucilie bouchère pourrait être anéantie par un artifice sexuel consistant à arroser les régions où elle sévit de mâles fabriqués à la chaîne dans une usine du Mexique et rendus stériles par un bombardement au cobalt.

C'est du moins ce que s'efforce de faire la F.A.O.

Pour les éléphants et les rhinocéros, la convention sur le commerce international des espèces de faunes et de flores menacées (CITES), dont la

8e conférence s'est tenue à Kyoto en février 1992, hésite entre la garde rapprochée (et solidement armée), l'ablation des cornes ou des défenses sur les animaux vivants, afin de décourager les braconniers, l'interdiction généralisée de leur commerce ou, au contraire, une gestion contrôlée des parcs existants, sorte de marché international policé de l'ivoire et de la poudre de rhinocéros.

Toutefois, à ce jour, rien de suffisamment efficace, malgré la volonté affirmée de bon nombre de pays africains.

La traditionnelle opposition Nord/Sud — ne dit-on pas que la disparition des éléphants a commencé avec le double commerce d'ébène (esclave) et d'or blanc (ivoire) ? — s'estompe pour faire place à un conflit Sud/Sud.

C'est en effet en Asie que la demande est la plus forte, pour les besoins de la médecine ou de l'art traditionnels. Ayant quasiment épuisé ses sources d'approvisionnement locales, l'Asie se tourne vers l'Afrique sous le regard hésitant et pour l'heure impuissant du Nord.

Grands témoins 6

Léopold Sedar Senghor

« ... nègre grammairien puissant des fleuves
dompteur joyeux de ses diplômes... »

René Depestre (franco-haïtien),
Au matin de la négritude

Sagesse africaine de l'« oncle » Hampâté Bâ[1]

Le Malien Hamadou Hampâté Bâ, disparu en 1991, est considéré par la plupart des africanistes comme un véritable conservatoire de la tradition africaine. Dépositaire d'un patrimoine culturel et religieux d'une importance considérable, disciple du marabout Tierno Bokar, auquel il vient de consacrer son dernier livre[2], Hamadou Hampâté Bâ s'est toujours posé en zélateur du dialogue des cultures et des religions, prêchant la tolérance et le cosmopolitisme. Musulman pratiquant, mais adepte résolu de l'œcuménisme, il croit fermement qu'en dépit du matérialisme qui déferle sur l'ensemble des civilisations contemporaines, le spiri-

1. Par Philippe Decraene, *Le Monde*, 25-26 octobre 1981.

2. *Vie et enseignement de Tierno Bokar, le sage de Bandlagara*, paru aux éditions du Seuil, est le deuxième ouvrage d'un auteur qui a publié plusieurs contes initiatiques, des études historiques et un excellent roman intitulé *L'Étrange Destin de Wangria* (Presses de la Cité, 1973, collection « 10/18 »).

tualisme finira par triompher. Appelé *doyen* par ses pairs, et plus simplement *oncle* par ses familiers, ce patriarche incarne une certaine qualité africaine de la vie.

« Quel a été votre premier contact avec le monde blanc ?

— *C'est en 1905, alors que j'étais âgé de cinq ans et me trouvais à Bougouni — où mon père adoptif Tidjani Amadou Ali, ancien chef de province, avait été déporté par les autorités coloniales —, que je vis un Européen pour la première fois. C'était le commandant de Courcelles, seul Européen de tout le Cercle. Accompagné de son interprète et d'un garde du Cercle, il passait de demeure en demeure pour procéder au recensement de la population.*

« Les familles avaient donné l'ordre à tous les enfants de moins de dix ans de se cacher. Mais, tenaillé par la curiosité, je demandai à ma "servante-mère" — c'est-à-dire la servante qui s'était occupée de moi depuis ma naissance — de m'abriter derrière les pans de son boubou afin que je puisse m'approcher du Blanc. Je voulais essayer de le toucher. J'avais entendu dire que les Blancs étaient les fils du feu, *que c'étaient des* braises vivantes. *J'étais donc persuadé qu'ils brûlaient... Les Africains avaient en effet baptisé ainsi les Européens parce qu'ils s'étaient aperçus que ceux-ci devenaient tout rouges lorsqu'ils étaient contrariés.*

« Quand tous les membres de ma famille furent réunis dans la cour, ma servante-mère écarta les larges pans de son boubou et je me blottis derrière elle. Nous nous approchâmes du commandant qui inscrivait les noms sur un grand registre. Lorsque je fus tout près de lui, j'avançai tout doucement ma main et posai le plus légèrement que je pus mon index sur son avant-bras, pendant qu'il écrivait. Contrairement à mon attente, je ne ressentis aucune brûlure. J'en fus extrêmement déçu. Désormais, pour moi, le Blanc était une braise qui ne brûle pas. *Telle fut ma première rencontre avec un Européen.*

— Les Européens ont-ils provoqué de sérieux traumatismes culturels en Afrique ?

— *Bien sûr ! Aucun colonisateur n'est un philanthrope. Tous ceux qui colonisent ont un complexe de supériorité. Comment le leur reprocherait-on ?*

« Ce n'est pas une question de couleur de peau, car les Toucouleurs qui ont, à un moment donné, colonisé les peuples du Macina, se sont eux aussi comportés en dominateurs dans le domaine culturel.

« La volonté de dominer la pensée était évidente, par exemple, chez les autorités coloniales qui créèrent à Kayes l'"école des otages", où étaient envoyés tous les fils de chefs et de notables. L'usage des langues africaines y était strictement proscrit au profit de la seule langue française. Tout élève enfreignant cette consigne se voyait

affublé du "symbole" à tête d'âne et privé de déjeuner.

« Une grande perturbation dans le domaine culturel fut la rupture progressive de la transmission des connaissances traditionnelles. Jusqu'alors, cette transmission était assurée oralement d'une génération à l'autre par la filière des initiations africaines régulières, des initiations de métier et des écoles coraniques. Les ateliers de métier, par exemple, étaient de véritables écoles traditionnelles où l'on enseignait non seulement une technologie mais tout un ensemble de connaissances, scientifiques ou culturelles, qui s'y rattachaient. L'élève forgeron, par exemple, qui travaillait silencieusement auprès de son maître, accédait, à travers le symbolisme des instruments de la forge, à une explication particulière du monde et du rôle de l'homme dans l'univers, rôle fondé sur l'idée de responsabilité et d'interdépendance de toutes choses. Il recevait en outre un ensemble de connaissances concrètes sur la géologie, la minéralogie, la botanique, et toute une éducation du comportement.

« Les écoles artisanales traditionnelles — forgerons, tisserands, cordonniers, travailleurs du bois, conteurs... —, regroupées autour des maîtres, étaient ainsi des lieux de transmission de toute une culture. Or, par tous les moyens, l'administration coloniale s'efforça de décourager leurs activités. On interdisait aux forgerons, par exemple, de fabriquer certains articles, notamment les fusils

ou les grands couteaux, afin de nous inciter à acheter des articles manufacturés en provenance de la métropole. Nous étions d'ailleurs, à l'époque, littéralement inondés de gros catalogues de la Manufacture d'armes et cycles de Saint-Étienne, dont les images nous fascinaient et nous faisaient rêver.

« C'était grave, car on étouffa ainsi toute velléité de créativité chez nos artisans, qui auraient été fort capables d'adapter leur art aux besoins nouveaux. Je citerai l'exemple d'un forgeron dogon qui avait fabriqué tout seul des fusils en tous points semblables aux fusils européens et qui se vit non seulement condamné à cinq ans de prison, mais frappé d'une interdiction à vie d'exercer son métier.

« La rupture dans la transmission des connaissances d'une génération à l'autre s'accentua avec la lutte de l'administration contre les écoles coraniques et l'effort de scolarisation en langue française. Mais la grande cassure se produisit à l'occasion de la guerre de 1914, plus spécialement en 1917, quand presque tous nos jeunes gens, soit volontaires, soit recrutés d'office, furent envoyés sous les drapeaux en France. D'un seul coup, les vieux maîtres furent privés de la plupart des élèves qui auraient pu continuer leur œuvre et assurer à leur tour la transmission et la sauvegarde du patrimoine culturel. Beaucoup ne revinrent pas. Quant à ceux qui revinrent, ce n'étaient plus les mêmes hommes.

« Traumatisme culturel, encore, le phénomène d'acculturation qui, par la suite, marqua tous ceux de nos jeunes qui étudièrent dans les universités occidentales, creusant ainsi entre nos "intellectuels" et la masse africaine un fossé de plus en plus grand. Comme le dit le proverbe africain : L'engendreur peine pour l'éducateur *; car, en fin de compte, on est toujours le fils de son école...*

« Traumatisme culturel, enfin, ce lent travail de dépersonnalisation qui s'accomplit au cours des décennies, au point que les Africains en arrivèrent à douter de leurs propres valeurs et à ne concevoir l'évolution ou le progrès qu'à travers l'imitation totale des anciens colonisateurs, et ce, dans tous les domaines. Combien de problèmes actuels, en Afrique, ne sont-ils pas liés à ce phénomène... car, dit encore le proverbe : Un morceau de bois a beau flotter dans l'eau, il ne devient jamais caïman.

— L'expansion du catholicisme a-t-elle porté gravement atteinte aux religions traditionnelles ?

— *Aussi bien catholiques que protestants ou musulmans sont entrés en compétition avec les religions traditionnelles pour essayer de substituer leurs croyances aux leurs. Toute expansion de l'une des religions monothéistes révélées porte nécessairement atteinte aux religions traditionnelles. Toutefois, plus réaliste, l'islam — qu'il ne faudrait pas confondre avec ce que l'on appelle de nos jours l'"arabisme" — s'est mieux adapté. Dès lors qu'une coutume n'allait pas à l'encontre de l'un des onze articles fondamentaux de la foi, il admettait cette coutume — du moins en Afrique noire, et en règle générale. Ainsi, par exemple, les métiers traditionnels, avec les initiations et les transmissions de connaissances qui leur sont propres, se sont maintenus à l'intérieur de la société musulmane.*

— La poussée de l'islam militant est-elle inquiétante pour l'Afrique ?

— *Il convient de faire une distinction entre ceux qui pratiquent l'islam et s'efforcent d'en intégrer les valeurs dans leur propre vie, pour se transformer eux-mêmes, et ceux qui l'utilisent, consciemment ou inconsciemment, au profit d'une politique ou au profit de leurs intérêts du moment, notamment ceux qui prêchent la guerre sainte à tout propos. En ce qui me concerne, je n'admets qu'une seule forme de guerre sainte : celle que nous devons mener contre nos propres passions et que le prophète Mohammed appelait la* grande guerre sainte.

« Disciple d'un homme, Tierno Bokar, qui prêcha toute sa vie pour la tolérance et l'amour de tous les hommes au nom même des principes fondamentaux de l'islam, je ne puis qu'approuver toute action de revivification de l'islam qui irait dans ce sens et, en revanche, déplorer tout progrès de l'intolérance, sous quelque forme que ce soit.

— Pensez-vous que le catholicisme soit promis à un grand avenir en Afrique ?

— *Ce qui est certain, c'est que l'Afrique est par excellence un continent de foi et que l'Africain est un croyant-né, indépendamment de toute détermination confessionnelle. Toute forme de foi trouvera donc toujours en lui un terrain d'élection. C'est d'ailleurs cette foi indéracinable qui lui a permis — et qui lui permet encore — de survivre et de supporter les pires épreuves.*

« Et d'ailleurs, chrétiens, musulmans et juifs ne forment-ils pas les trois branches d'un même arbre ? Pour ma part, je considère le judaïsme, l'islam et le christianisme comme les trois frères d'une famille polygame où il n'y a qu'un seul père, mais où chaque mère a élevé son enfant selon la coutume qui lui est propre. Chacune des épouses a parlé de son époux à ses enfants selon sa propre conception.

— De toutes les mutations sociales intervenues en Afrique, laquelle vous semble la plus importante ?

— *La plus grave de toutes me paraît être l'éclatement de la famille. En effet, dans la tradition africaine, la vie individuelle n'existait pas : seule existait la vie familiale et, par extension, communautaire, qui constituait le tissu même de la société et en assurait la sauvegarde.*

« La notion de famille y était extrêmement large.

Elle s'étendait en fait à tout le clan. Jadis, par exemple, ce n'était pas seulement le père, mais tous les hommes de la classe aînée d'un village qui assuraient l'éducation des enfants. Chacun en était responsable. De même, lorsque plusieurs jeunes gens d'un village épousaient des jeunes filles d'un autre village, c'étaient les populations tout entières de ces deux villages qui devenaient "beaux-parents", avec tous les devoirs réciproques d'entraide, d'hospitalité et de paix qui en découlaient.

« La solitude était inconnue : la femme veuve ou divorcée, le vieillard, le handicapé n'étaient pas abandonnés à eux-mêmes. Le peu que chaque famille possédait, elle le partageait avec tous les siens, comme avec les hôtes de passage, de sorte que, si pauvreté il y avait, elle était collective, jamais individuelle.

« L'individualisme vers lequel nous tendons aujourd'hui — autre traumatisme psychologique d'importance capitale — défait peu à peu tous les nœuds traditionnels qui unissaient l'homme à l'homme et qui, en dépit de certains excès, permettaient à la société africaine de survivre.

— Et parmi les changements économiques, quel est le plus important ?

— *L'intrusion de l'argent. Avant l'arrivée des Européens, jamais la fortune, ou la possession des biens matériels, n'avait "classé" personne. La richesse était considérée comme un saignement de nez, sans plus, c'est-à-dire comme un événement pouvant advenir à n'importe qui, n'importe où et n'importe quand, et s'arrêter sans raison, tout aussi inopinément.*

« Ce qui classait l'homme, c'étaient sa valeur intrinsèque et sa naissance.

« Ce qui a vraiment bouleversé la société africaine, c'est la recherche des "quatre V" : le Virement (un compte en banque), la Villa, le Verger (une plantation où d'autres travaillent pour soi) et la Voiture. Les vieux disent : Réunissez ces quatre "V", vous risquez d'en voir apparaître un cinquième : la Vilénie.

— Êtes-vous inquiet de la multiplication des dictatures africaines[1] ?

— *Comment ne pas l'être ? Toute dictature est inquiétante, que ce soit en Afrique ou ailleurs, surtout lorsque l'on constate que la plupart de ces dictatures ne semblent avoir pour but que de satisfaire une poignée d'hommes ou une catégorie d'hommes, et jamais le peuple dans son ensemble. Celui-ci, d'ailleurs, se sent généralement étranger à ce qui se passe au sommet et aux batailles pour le pouvoir. Qu'il s'agisse d'intellectuels ou de militaires, pour lui ce sont des* toubaboumoro, *des* gens des Blancs, *c'est-à-dire des gens qui imitent*

1. Rappelons que cette question a été posée en 1981, dix ans avant le réveil démocratique du continent.

les Blancs, pensent et agissent à leur façon, et non selon la tradition africaine.

« En fait, votre question appelle une réflexion sur la nature du pouvoir en Afrique. Oh, bien sûr, les chefs traditionnels du passé détenaient, eux aussi, un énorme pouvoir ; mais, le plus souvent, ce pouvoir était étroitement réglementé par la tradition et ne pouvait, de ce fait, devenir ni absolu ni arbitraire. Les chefs traditionnels étant considérés comme les réceptacles d'une puissance divine, ils étaient tenus d'observer, s'ils voulaient rester en place, des règles de comportement extrêmement strictes et il existait de multiples moyens de les contrôler.

« Je me prends parfois à rêver d'États africains où les Assemblées nationales modernes, chargées de régler les problèmes globaux, seraient doublées d'une sorte de "conseil des vieux" où siégeraient les traditionalistes représentant les différentes ethnies, hommes au fait des réalités coutumières locales, possédant l'expérience de la vie et des relations humaines.

« Combien de conflits, qui entraînent aujourd'hui des procès coûteux et inefficaces, pourraient se régler facilement, à l'amiable, par la voie traditionnelle, si l'on faisait appel à ceux qui la connaissent et qui peuvent la mettre en œuvre !

— Que pensez-vous de l'unité africaine ?

— *A la vérité, le concept de "nation" est un concept moderne, d'importation occidentale.*

L'Afrique a connu des États, des royaumes, des empires, mais pas de "nations" au sens géographique et moderne du mot. Les grands ensembles dont on se réclamait et auxquels on se sentait appartenir étaient les ethnies. Celles-ci, souvent mouvantes, pouvaient recouvrir de vastes territoires. Un Peul du Macina pouvait partir en Côte d'Ivoire. Il y retrouvait d'autres Peuls et se sentait en famille. Un Sénoufo de Côte d'Ivoire venant au Mali y retrouvait les siens. Chaque grande ville comportait des quartiers consacrés aux différentes ethnies, de sorte que le voyageur était sûr de toujours y retrouver ses frères.

« Dans l'ancien État du Ghana, par exemple, les Peuls étaient citoyens du Ghana, mais ils demeuraient régis par la loi peule, qui correspond à leurs besoins, à leur mentalité et à leurs réalités sociologiques. L'idéal — pourquoi, là encore, ne pas rêver ? — serait une sorte d'"État d'ethnies unies", où chaque ethnie conserverait ses particularités, où ses problèmes internes seraient réglés par les lois coutumières, tandis qu'une loi générale valable pour tous maintiendrait l'harmonieux fonctionnement de l'ensemble.

— Vous considérez donc que "l'Afrique noire est mal partie" ?

— Je me demande si c'est l'Afrique seulement qui est mal partie, ou si ce n'est pas plutôt la modernité tout entière qui est mal partie.

« Mais pas de désespoir ni de catastrophisme.

Les deux courants existent : le positif et le négatif. Il y a, un peu partout, des hommes qui luttent pour réveiller les consciences, et ils trouvent un auditoire. Ce qui est important, c'est de ne jamais cesser de lutter. Tout effort compte. La petitesse apparente d'un effort n'empêche pas qu'il puisse avoir des conséquences considérables. Comme le disait mon maître Tierno Bokar : malgré son envergure gigantesque, le baobab est engendré par une graine qui n'est pas plus grosse que celle du café. »

AVENIRS D'AFRIQUE

Voici l'Afrique[1]

Voici l'Afrique.

L'Afrique d'aujourd'hui. Celle qui rit, celle qui lutte, celle qui raconte et invente.

Voici l'Afrique des hommes libres, celle qui donne confiance : le salut vient toujours des hommes libres.

L'Afrique n'est plus à la mode. On n'entend plus que « Vive l'Asie ! » ou « Bravo l'Est ! », comme s'il ne se passait rien, rien de bien, rien de fort au sud de la Méditerranée.

Tendez l'oreille, ouvrez vos yeux, voici le démenti. Voici la preuve que le continent bouge, craque, proteste.

Sans doute, ce sera long, long et douloureux comme une naissance, mais beau comme elle.

Tout le monde sait que l'espèce humaine vient

1. Émission spéciale d'Antenne 2 sur l'Afrique. Introduction écrite par E. Orsenna.

de là, entre Addis et Lusaka. Eh bien, le berceau du monde recommence à s'agiter.

Du nord au sud, de l'Algérie qui se cherche à Mandela qui pousse la porte, un vent d'ambition se lève. Salut à lui.

Recette

Sur deux points au moins, le Japon et la Corée, bons élèves s'il en est de l'économie mondiale, diffèrent de l'Afrique :

- ils n'ont subi que très faiblement l'influence extérieure ;
- ils ont consenti un gigantesque effort national.

Pour le reste, d'innombrables points communs, dont le poids énorme des traditions et une forte volonté de les maintenir.

Influence extérieure, effort national, force des traditions : en Afrique, la première est considérable, le second incertain, la troisième écrasante.

Ajoutons que l'influence extérieure, dominatrice, a ignoré le poids des traditions. Pire même, elle a considéré que son rejet était la condition du développement.

Et si l'Afrique modifiait les proportions des trois facteurs ?

Réalisme

Ouagadougou (Burkina Faso), printemps 1991. Deux ministres des Finances africains sortent d'une réunion de la Zone franc. En attendant leur voiture, ils battent la semelle :

— J'ai vu que vous avez libéré un prisonnier politique, dernièrement ? dit l'un.

— Oui, répond l'autre en s'esclaffant. Si on veut avoir de l'argent, maintenant, il faut faire démocrate !

Paristroïka

A la suite du discours de La Baule, la France a mené une vraie politique d'appui à la démocratisation.

Personne de sérieux n'imaginait que la liberté s'installerait sans heurts dans l'Afrique d'aujourd'hui, autocratique et sous-développée.

Les troubles n'ont pas manqué : tantôt des mouvements spontanés, menés par une jeunesse impatiente, trop longtemps contrainte au silence (comme au Mali, en Côte d'Ivoire), tantôt des émeutes à la roumaine, plus ou moins directement suscitées par les chefs en place et attisées par les revendications ethniques (comme au Zaïre, à Djibouti).

Sensibles à ce chantage (« Moi ou le chaos »), légitimement obsédées par la protection des ressortissants français (environ 140 000 au sud du Sahara), effrayées par les risques de guerres civiles (comme au Liberia), soucieuses aussi de préserver les réseaux d'amitié et d'intérêts patiemment tissés depuis trente ans, paralysées par les luttes d'influence entre les différents centres de décision politique (cellule africaine de l'Élysée, direction des Affaires africaines et malgaches au Quai d'Orsay et ministère de la Coopération... sans compter les « émissaires »), les autorités françaises semblent aujourd'hui avoir choisi la prudence, la maturation. S'agit-il d'une pause, une pause dans le soutien volontariste à la démocratie ?

La liberté est une drogue dure. Sur des corps sociaux non accoutumés ou affaiblis, elle peut exercer des ravages. L'Algérie en fait ces temps-ci l'expérience.

L'installation de la démocratie réclame de la durée, de longs apprentissages. Un président africain le rappelait à La Baule : l'Europe, la noble Europe si fière d'elle-même, arrogante et prosélyte, a connu, il n'y a pas si longtemps, à la fois le nazisme, le franquisme, le fascisme, le salazarisme et le stalinisme...

Quant au vote des femmes en France, qui se présente au monde comme le pays des droits, il date de... 1946 !

Ainsi, gardons modestie, patience et réalisme.

Mais si cette « pause » n'aboutit qu'à une Restauration, si, comme au Togo par exemple, elle permet moins de préparer la liberté que de la combattre, si les États, tant soutenus qu'il est ridicule d'oser invoquer la « non-ingérence » pour ne pas exprimer de l'exigence, ne cessent leurs habitudes de prédation, la France risque de perdre doublement son crédit :

— auprès des dictateurs, qui ont senti à La Baule passer le vent du boulet et n'oublient pas ce manquement majeur aux règles les plus élémentaires de la « famille » ;

— auprès de la jeunesse et des élites libérales qui ne comprennent pas cette valse-hésitation et qui, même si elles savent le besoin qu'elles en ont, s'attaquent de plus en plus ouvertement à Paris.

Échapperons-nous à ce paradoxe : investir de plus en plus dans un continent tout en se coupant de plus en plus de ses forces vives ?

L'invention politique

Notre démocratie occidentale somnole. Toute fière de s'exporter si bien, encore ivre de sa récente victoire contre le communisme, elle savoure son monopole idéologique et s'abîme dans la paresse. Danger : la liberté n'est pas une rente, mais une exigence. A tous les nouveaux pouvoirs qui naissent, il faut des contre-pouvoirs. Notre vieil Occident fatigue, les corporatismes et la folie médiatique l'entravent.

L'invention peut venir du Sud. Sur le modèle anglais, l'Inde a bâti un système original dont nul ne conteste qu'il soit, malgré les violences encore inévitables dans ce sous-continent, démocratique.

L'Afrique est gourmande d'idées nouvelles. Loin de se croire, comme nous, propriétaire et dépositaire du seul savoir qui vaille, loin de mépriser ce qui ne vient pas d'elle, au contraire elle s'en gave. Elle a suivi, sans rechigner, toutes les modes issues du Nord : le marxisme, le socialisme, l'économie mixte, le libéralisme... Comme, jadis, elle s'était convertie au catholicisme, au protestantisme, à l'islam...

Ouverte et docile. Du moins en apparence.

L'Afrique a le génie de l'hybridation, du mélange, du métissage. Elle ne s'abandonne jamais complètement à l'étranger. Aux menus qu'on lui propose (ou impose), elle mêle ses recettes de toujours. Ainsi la magie au marxisme, ou l'animisme au christianisme.

A Moscou, à l'université pourtant baptisée Patrice Lumumba, les professeurs de communisme s'arrachaient les cheveux. Ils ne parvenaient pas à inculquer à leurs élèves la ligne officielle, le marxisme « scientifique ». Quant à son application sur le terrain, une fois de retour au pays...

Même type d'humour en Afrique qu'en Tchécoslovaquie. Même incapacité foncière à croire aux slogans, même incroyance rigolarde devant les froides logiques planificatrices.

Ce vaste et souvent savoureux ragoût, c'est la manière africaine d'inventer et, tout à la fois, de prendre ses distances, de ne jamais adhérer pleinement à une idée. Même si les luttes sont fréquentes et violentes, le fanatisme idéologique est des plus rares.

Cette alliance d'accueil, de récréation et d'ironie, de modernité (en surface) et d'identité (en profondeur), est peut-être le secret de la bonne santé en politique.

Bien sûr, l'ironie est destructrice, ennemie des

enthousiasmes un peu naïfs qui habitent tous les Pères fondateurs. Entreprendre exclut de ricaner.

Mais la liberté est le premier des humours. Plus elle grandit, moins se fait pressant le besoin de grincer et de mordre.

L'Afrique pourrait aussi nous donner des leçons de solidarité.

Elle n'est pas très humaine, notre démocratie moderne : entre les deux partis dominants (la société moderne est bipartisane) qui présentent des options assez semblables et le votant solitaire : rien. Les syndicats se dissolvent, les églises se vident, les associations s'isolent. Seules communautés : les corporations qui se crispent.

Or, une démocratie repose sur le dialogue et non sur le cocktail actuel : anesthésie des partis et émiettement des solitudes.

L'Afrique n'a peut-être pas encore de vrais partis, condition *sine qua non*, dit-on, de la vraie politique. Mais elle bruisse de solidarités : familles, ethnies, tontines, églises, sectes, maçonneries...

N'oublions rien. La démocratie s'est toujours présentée, avec raison, comme ennemie des foules, des bras tendus dans les stades. Mais l'inverse la menace aussi. On ne bâtit pas une société sur des isolements. Il faut un minimum d'horizon commun, de république, pour que vive la démocratie.

L'Afrique, riche de tous ses tissages, pourrait bien inventer la démocratie sans la solitude.

Composition réalisée
par C.M.L., Montrouge

Achevé d'imprimer en août 1992
sur presse CAMERON,
dans les ateliers de B.C.A.
à Saint-Amand-Montrond (Cher)
pour le compte de la Librairie Arthème Fayard
75, rue des Saints Pères - 75006 Paris

35-57-8532-05

Dépôt légal : août 1992.
N° d'édition : 376. N° d'impression : 92/348.

Imprimé en France

ISBN 2-213-02761-7

35-8532-0